# 守望先锋
### 艺术设定集

作者_[美]暴雪娱乐　译者_刘泽宇

新星出版社　NEW STAR PRESS

# 守望先锋®

艺术设定集

THE ART OF OVERWATCH®

© 2017 Blizzard Entertainment, Inc. All rights reserved. Overwatch and Blizzard Entertainment are trademarks and/or registered trademarks of Blizzard Entertainment, Inc., in the U.S. and/or other countries. Dark Horse Books® and the Dark Horse logo are trademarks of Dark Horse Comics, Inc., registered in various categories and countries. All rights reserved.

图书在版编目（CIP）数据

守望先锋艺术设定集 / 美国暴雪娱乐著；刘泽宇译．—北京：新星出版社，2017.11
ISBN 978-7-5133-2889-0

Ⅰ．①守… Ⅱ．①美… ②刘… Ⅲ．①计算机网络－游戏－介绍－美国 Ⅳ．① G898.3

中国版本图书馆 CIP 数据核字（2017）第 254026 号

## 守望先锋艺术设定集

[美] 暴雪娱乐 著　刘泽宇 译

统筹策划：贾 骥
责任编辑：汪 欣
特约编辑：蒋 宇　宋 凯　陈 曦　杨振宇
美术编辑：马体浩
责任印制：李珊珊

出版发行：新星出版社
出版人：马汝军
社　　址：北京市西城区车公庄大街丙3号楼　100044
网　　址：www.newstarpress.com
电　　话：010-88310888
传　　真：010-65270449
法律顾问：北京市大成律师事务所

读者服务：010-88310811　service@newstarpress.com
邮购地址：北京市西城区车公庄大街丙3号楼　100044

印　　刷：北京雅昌艺术印刷有限公司
开　　本：635mm×965mm　1/16
印　　张：23
字　　数：45千字
版　　次：2017年11月第一版　2017年11月第一次印刷
书　　号：ISBN 978-7-5133-2889-0
定　　价：319.00元

版权专有，侵权必究；如有质量问题，请与印刷厂联系调换。

**黑马制作人**
主　编：Mike Richardson
编　辑：Dave Marshall
助理编辑：Rachel Roberts
美术设计：David Nestelle
数字艺术指导：Christina Mckenzie, Melissa Martin, Chris Horn, Adam Pruett, Allyson Haller, And Conley Presler

**暴雪制作人**
作　者：Matt Burns
编　辑：Robert Simpson, Cate Gary, Allison Monahan
创意咨询：Arnold Tsang, Michael Chu, Bill Petras
故事设定：Sean Copeland, Christi Kugler, Justin Parker
制 作 人：Timothy Loughran, Adam Gershowitz
项目经理：Brianne M Loftis
项目副经理，全球授权：Byron Parnell
创意、研发总监：Ralph Sanchez
特别感谢：Laurel Austin, Stephane Belin, Jeff Chamberlain, Aaron Chan, Skye Chandler, Michael Chu, Ben Dai, Anh Dang, Ryan Denniston, Nicholas Eberle, Qiu Fang, Renaud Galand, Adam Gershowitz, Geoff Goodman, Doug A. Gregory, Jeramiah Johnson, Stephanie Johnson, Dylan Jones, David Kang, Jeffrey Kaplan, Roman Kenney, Philip Klevestav, Bill Petras, Dion Rogers, Arnold Tsang, Mathias Verhasselt, Ben Zhang, Vasili Zorin

# 目  录

006. 前言

008. 创造一个值得奋斗的未来

013. 英雄

133. 地图

195. 皮肤

243. 喷漆

281. 头像

289. 动画短片

339. 英雄故事

357. 宣传广告

# 前言

本书不仅是一本原画集，更是《守望先锋》的灵魂与核心。

　　一款游戏的设计，总是由概念图的诞生开始。在《守望先锋》的开发早期，概念设计团队是由美术副总监 Arnold Tsang 全权负责。一个场景至今让我记忆犹新——我坐在团队成员中间，看着他手拿一组给游戏定调的角色草图，滔滔不绝地向大家分享妙手偶得的灵感，定下游戏整体的风格基调。正是这份草图，使我们对角色早期的形象得以窥视端倪，指明了《守望先锋》的英雄风格。从粗糙的草稿，到最终的定稿，美术团队的成员们一边乐此不疲地交换想法，一边不亦乐乎地与忙碌的画师沟通细节。每一个人建议都被充分考量，团队的工作激情与创造力一一融入眼前的作品中：半机械人、突变生命体、持弓刺客以及"莱因哈特"的早期形象跃然纸上，展现在眼前。概念图刚刚大功告成，就立刻风靡办公室。大家争相传阅，每个人电脑的桌面壁纸，都有他们的身影。甚至走廊上的打印机都一度被围得水泄不通！每次新的修改都令设计团队愈发热情高涨，内心充满了归属感。游戏早期的开拓如同在黑暗中摸索，这份概念图却犹如明亮的灯塔，指引着我们前进。最重要的是，它让我们看清了：英雄才是游戏的主角。

　　英雄不再只是虚构的设想，他们已然成为了我们的一部分，我们的战友，我们的家人。

　　现在，是时候为我们的英雄们寻找一个归宿了——我们需要构建一个崭新的世界。

画师：ARNOLD TSANG

  我们的第二张核心概念图描绘的是玩家的视角所目及的《守望先锋》世界。这张画由画师 Ben Zhang 创作，绘制了早期的"源氏"与"温斯顿"和一只造型古怪的蜘蛛型变异生物在沙漠中的远古神殿打斗的画面。远处，一座未来主义风格的巨型城市若隐若现。

  这两部分概念图的完成，奠定了《守望先锋》的风格与画风基调。没有这些基调，也就没有今天我们所能看到的一切。它们给予我们灵感，让我们以开创性的视角创造出英雄，乃至塑造整个英雄的世界。无论是地图、技能，还是新英雄和皮肤，它们是一切后续创作的基石。

  本书正是这些早期概念图与后续创作的收录集。这些画作绝非某个画师独立能够完成，它们原原本本地记录了《守望先锋》团队全体成员的辛勤劳作，呕心沥血的付出。他们来自不同部门，却同样满怀激情，乐观豁达，充满天马行空的想法的人们。

  而今，我们渴望与你分享这一切。愿你能收获满满的感动，就像当初的我们为之动容一样，我们期待与你一起延续这艺术的旅程……

  ……一同见证《守望先锋》的美好未来。

Bill Petras

《守望先锋》高级美术总监

## 创造一个值得奋斗的未来

《守望先锋》视觉目标概念图

2014年11月7日，暴雪娱乐开启了新篇章。

来自世界各地的两万多名玩家齐聚加利福尼亚的阿纳海姆会展中心，参加第八届暴雪嘉年华。许多玩家提前涌进主会场，早早地占好了座位，等待开幕式的到来。他们满心期待着暴雪公布旗下游戏的最新资料片与拓展包，却等来了意想不到的惊喜。

面对着人头攒动的主会场，暴雪元老级创作骨干、创意部门高级副总裁克里斯·梅森登上主舞台。二十多年来，他为《魔兽世界》《星际争霸》《暗黑破坏神》打造出了传奇般的世界和脍炙人口的角色。近年来，他与一组开发人员一直在忙于制作别的东西。现在是时候让所有现场的暴雪迷以及全世界的玩家们一窥全貌了。

梅森公布了一部史无前例的预告片。大家发现，这不是《魔兽世界》，也不是《星际争霸》，更不是《暗黑破坏神》，这是一款立意标新、与众不同的游戏。

这，就是《守望先锋》。

十七年磨一剑，暴雪又一次创造了一个崭新的幻想世界：未来的地球，科幻的气质，多元而传奇的英雄与反派。

在接下来的一年半时间里，游戏历经了多次测试和优化。终于，在2016年5月24日，《守望先锋》正式上市。以星火燎原之势，《守望先锋》一举成为世界级的畅销游戏，口碑绝佳，并斩获包括年度最佳游戏在内的多项大奖。

然而，通往成功的路总是漫长而崎岖，必须经受苦难与失败的洗礼。

在《守望先锋》问世前几年，暴雪一直在开发一款另类主题的大型多人在线角色扮演游戏（MMORPG）——"泰坦"。无数天赋异禀的画师、游戏设计师、制作人和工程师付诸心血，期望能创作出一款能与暴雪旗舰级MMORPG游戏——《魔兽世界》齐名比肩的新游戏。

画师：Ben Zhang

尽管研发团队信心满满、经验丰富，但却始终没能为"泰坦"找到属于它的定位。暴雪在最后时刻选择终止项目。

开发团队因此郁郁寡欢，但他们没打算放弃——现在认输太早了。他们渴望用实力证明自己，"泰坦"倒下了，但一款全新的游戏孕育而出。

"泰坦"项目被取消后，团队的成员聚在一起讨论未来的游戏制作计划。无心插柳，一个新奇的想法灵光闪现——做一款近未来风格的第一人称射击游戏。无论是在游戏类型还是设定上，这款游戏都与暴雪传统游戏的思路相去甚远，然而开发团队却将其作为一种优势。摆在团队面前的，是一次前所未有的机会，得以开创全新的艺术风格，讲述崭新的冒险故事。

随着讨论的深入，一条设计的基本原则渐渐明朗：这款游戏的重心必然是游戏中的角色们，即"英雄"。这些人物不应该仅仅以传统的第一人称射击游戏里的职业来区分，他们更像是活生

沃斯卡娅工业区早期效果图

英雄合影插画草图

早期英雄合影插画

生的角色，有着各自的身份和非凡的经历。他们才是这款游戏的核心与灵魂，即被人们称为"守望先锋"的那群英雄们。

于是，画师马上着手将这个新生的想法付诸笔尖。第一批守望先锋英雄造型的插画一经出炉，便奠定了这款游戏的风格与基调。对开发人员而言，他们由此获得了一个制作游戏的清晰视角，守望先锋不再是虚幻的构想，而是触之可及的形象。

同时，画师也尝试着绘制游戏内的概念插图，多个英雄的雏形得以展现，比如"托比昂"、"路霸"、"莱因哈特"、"温斯顿"、"猎空"和"源氏"。游戏人物被设计得欢快活泼而魅力十足，其所居住的世界则一片生机盎然，令人向往。

这一幅幅概念图无不闪烁着灵感的光辉，时刻激励着设计团队勇往直前。

随着游戏的美术风格渐渐成形，开发人员却遭遇了一个棘手的挑战。《守望先锋》拥有独一无二的视觉外观，这与暴雪旗下的其他游戏都截然不同。如何才能既保持《守望先锋》新颖夺目的气质，又能使其顺利地融入暴雪游戏的大家庭？怎样设计才能在融合传统美术技法的前提下，进一步推陈出新？

上图：PETER C. LEE  中图与下图：ARNOLD TSANG

演示版的暴雪艺术插画集封面，添加了"托比昂"的形象

所有的暴雪游戏都有着各自清晰的主题和视觉风格。《星际争霸》采用的是鲜明而写实的科幻主义，集中围绕着人类、异虫和星灵三个种族间的冲突纠葛来铺叙剧情。《魔兽争霸》则以奇幻风格著称，构建了一个充盈着精灵、矮人、恶魔以及其他奇特生物的世界。《暗黑破坏神》取材于黑暗的哥特式幻想，人类困陷于一场天使与恶魔间的无休争斗中。

《守望先锋》的开发人员仔细审视这些游戏，致力于找到本质上连接彼此的相似之点，而非表面的相异之处。《魔兽争霸》《星际争霸》《暗黑破坏神》均遵循着暴雪游戏设计的核心理念，夸张的角色比例，深厚的故事积淀，保证了沉浸式世界观的代入体验。

最终版英雄合影插画图

通过借鉴暴雪的其他游戏，开发人员为《守望先锋》量身定制了四条美术指导原则。其一，**元素多元鲜明**，不仅仅要体现在英雄的故事叙述和文化表现上，还包括对场景、建筑与科技要素的设计上。其二，**未来光明美好**，旨在构建出一个值得玩家为之奋战的世界。其三，**观感动静相宜**，有序地将场景环境、人物比例、动画情节以及静态造型有机地结合起来。其四，**细节精心雕琢**，给予游戏精致的画面质感，确保游戏中的每一处纹理和每一个艺术细节风格独特且制作精良。

视觉目标概念图

《守望先锋》标志设计图

左上图：WEI WANG 和 ARNOLD TSANG　右上图：ARNOLD TSANG

《归来》动画短片剧照　画师：MATHIAS VERHASSELT

遵循着这四条设计原则，同时汲取了暴雪美术的精华之后，第二张英雄合影插图得以大功告成。优化过后的人物形象更显得与众不同，保留了鲜明的体形差异，同时注重细节描绘，与《魔兽争霸》《星际争霸》《暗黑破坏神》异曲同工。

这些英雄可以被分为两类：一类属于经典角色，借鉴于暴雪其他游戏的角色原型，例如全副武装的铠甲骑士莱因哈特和矮人工程师托比昂。

另一类则属于原创，独立出现于《守望先锋》的世界里，比如活泼开朗的时间穿越者猎空和拥有高度智慧的大猩猩温斯顿。所创造的角色或多或少地表现出了游戏的核心主旋律：英雄主义精神永存和人类未来光辉灿烂。

与游戏人物塑造相似，设计团队遵循同样的原则构建《守望先锋》的世界观。如何在游戏中运用"地球"这个概念，尚为一个待探索的领域。在此之前，暴雪从未做过尝试，完整而真实地再现出地球的样貌。开发人员把握住这次机会，透过暴雪的视角，重构出世界的未来模样。

于是，开发人员着手开始制作对战地图，希望能做到与风格迥异的英雄相匹配，既充满异域风情，又不失随和亲切。例如地图"花村"就糅合了日式传统建筑美学与未来主义的交通工具和城市风景；"艾兴瓦尔德"则展现的是一座被卷入人与机械战争的小镇，其设计灵感来自于欧洲魔幻森林和中世纪古堡的巧妙结合。

为进一步凸显英雄的魅力，开发人员还将这些场景与游戏角色相互联系在一起。地图不再只是玩家们相互争斗的地方，其中一些描绘了英雄所来自的国家，而另一些则记录着英雄的往昔岁月。

随着时间的推移，《守望先锋》的制作工作稳步有序。概念画师、建模人员、动画师、灯光师、游戏设计师以及众多开发人员时刻践行着设计多元、未来光明、画面动感和细节精良的理念，源源不断地把新英雄、新地图加入进来。

当《守望先锋》于2016年正式上市的时候，游戏共包含有21个英雄角色与12张对战地图。设计人员塑造出了独一无二的视觉风格，完美地传承了暴雪对美术工艺的追求，而这便是《守望先锋》继续前行的基石。

信念犹在，前行不止。

未来是光明的，《守望先锋》的故事才刚刚开始。

左中图：BEN ZHANG　左下图：JEREMY CRAIG

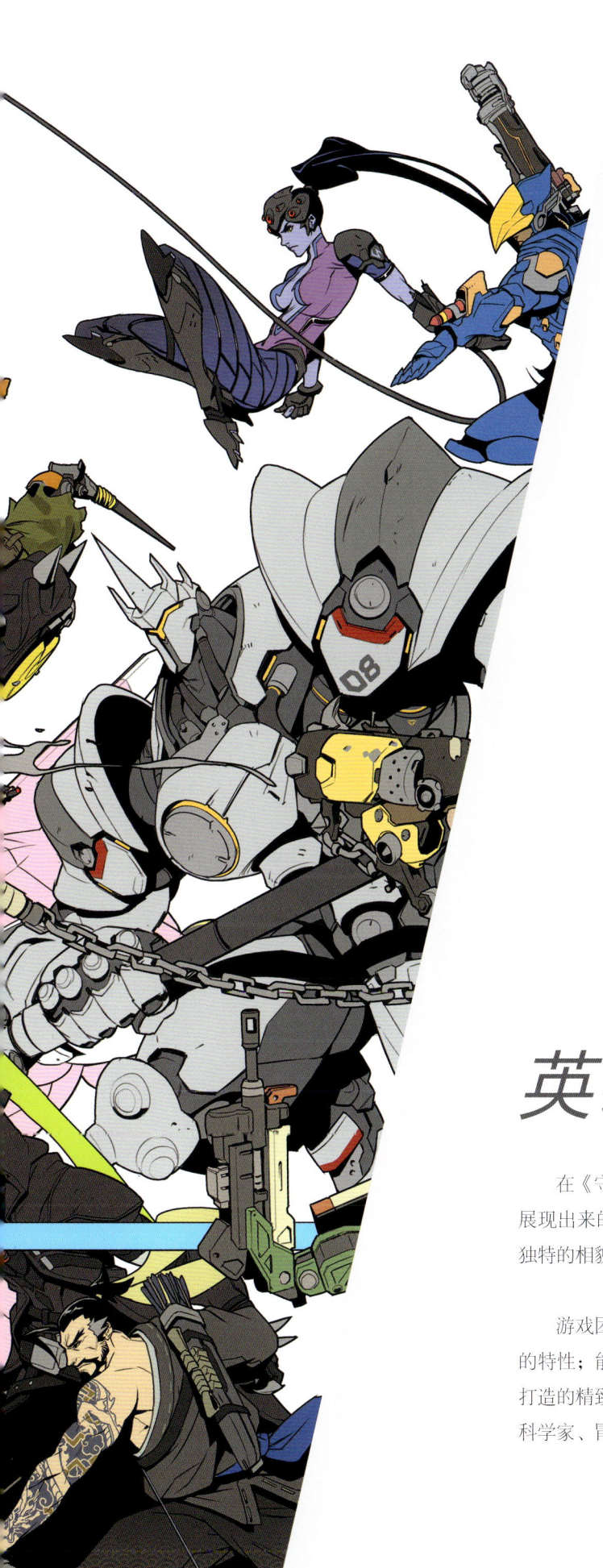

画师：Arnold Tsang

# 英雄

在《守望先锋》的世界里，英雄即一切。作为定义游戏的核心要素，英雄所展现出来的魅力表达着游戏的主旨与世界观。每一个角色，都有着非凡的身世、独特的相貌以及鲜明的个性，这就是《守望先锋》的设计精神。

游戏团队遵循《守望先锋》的四大美术原则：力求每位英雄都具有独一无二的特性；能够代表光明与希望的未来；比例匀称且动作灵活；还能给人一种手工打造的精致印象。这些原则是《守望先锋》世界中每个英雄的内核——无论军人、科学家、冒险家、奇人异士，还是即将登场的其他英雄们。

## 英雄
# 安娜

　　早在"安娜"真正地出现在游戏里之前,关于她的概念设计和翔实的背景就已经存在了。她的首次露面是在"士兵:76"的身世起源短片中,一名天赋过人的狙击手,也是守望先锋的原始成员。不过,设计团队发现很难为"安娜"在游戏中找到合适的定位,因为"黑百合"已经占据了狙击手的位置。

　　开发人员想到了"炼金术士",一种善于利用药水伤害敌人或治疗友军的传统角色,"安娜"因此与"炼金术士"联系在了一起。于是,一个全新的英雄诞生了:支援型狙击手,寻找自己的使命,在保卫世界和平的战斗中扮演至关重要的角色。

本页画作均出自 ARNOLD TSANG

### ▶ 人物设计

角色轮廓是游戏设计至关重要的一环。在设计"安娜"时,开发人员借助她的披肩设计出了一个三角的造型,以区别于其他英雄角色,在游戏对抗中更容易被辨认出来。

对《守望先锋》的动画师而言,披肩元素恰恰成了设计动态姿势的重要工具。动画师们几乎把"安娜"的服饰作为一个单独的角色进行处理,甚至开发出新的技术手段,只为能让"安娜"的披肩随风舞动、飘逸流畅。

安娜·艾玛莉的早期形象

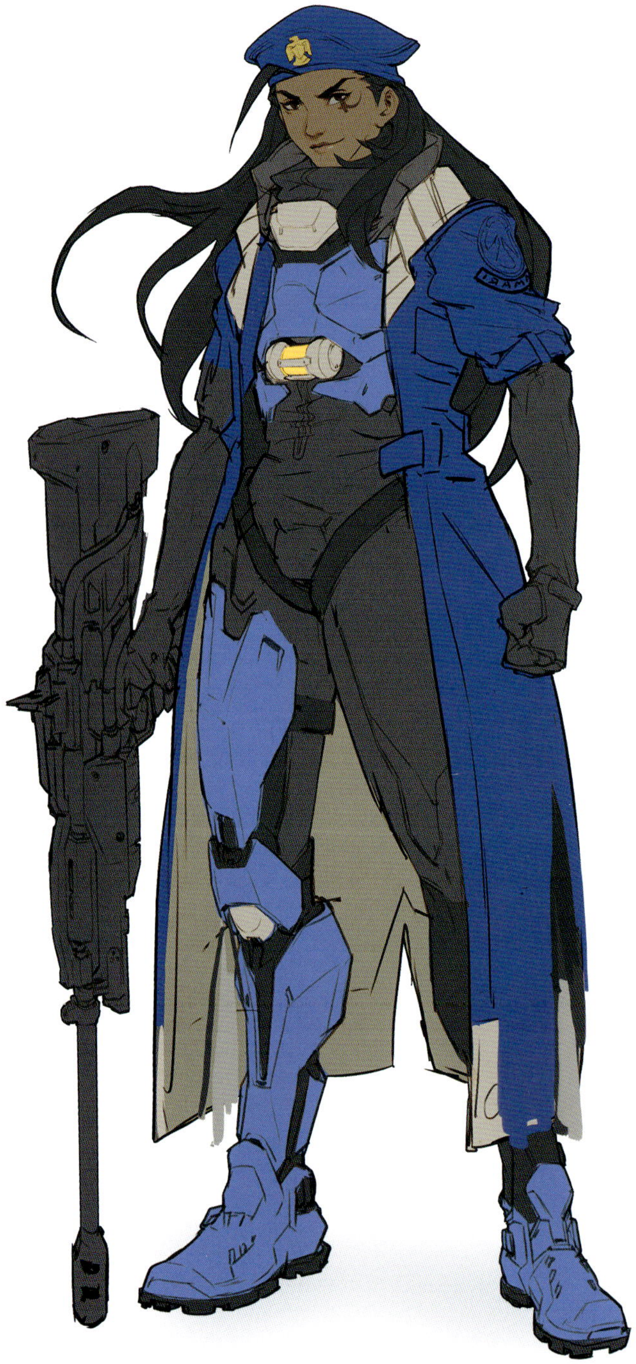

动作姿态图

左图:BEN ZHANG　右图:ARNOLD TSANG

生物步枪

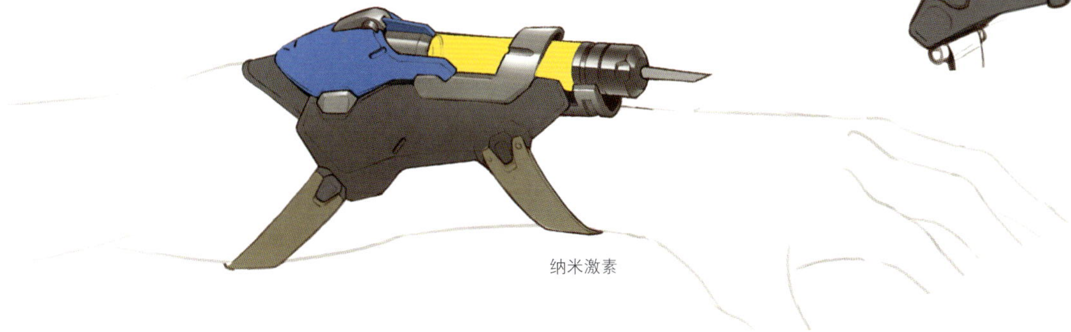

纳米激素

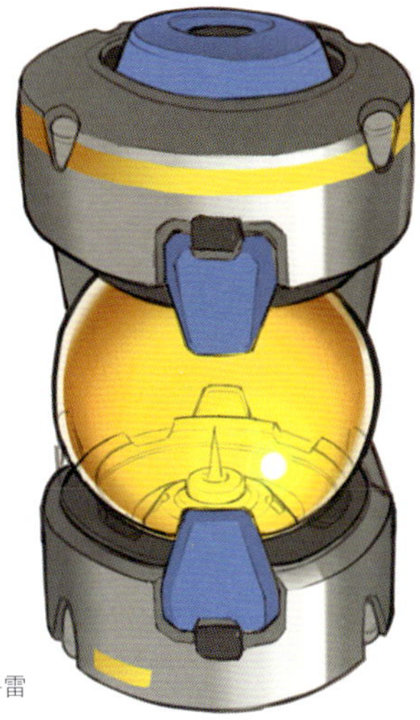

生物手雷 　　　麻醉飞镖 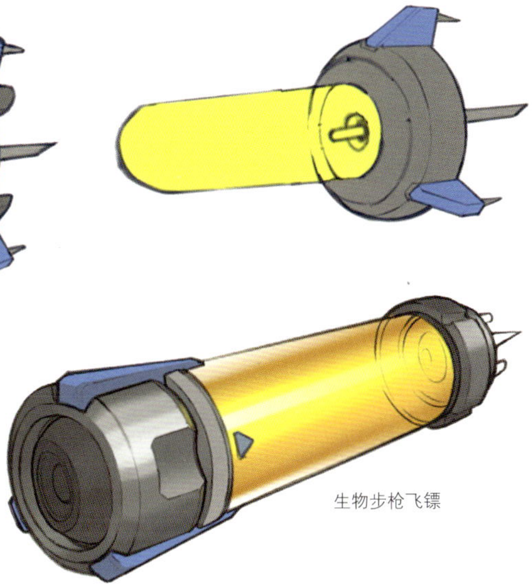　　　生物步枪飞镖

"安娜"与年幼的法芮尔

上图：DAVID KANG　下图：JOHN POLIDORA 和 ARNOLD TSANG

# 英雄
## 堡垒

"堡垒"系列机器人是为战争而生的,但是有一台"堡垒"智能机器人却显得与众不同。它的战斗程序严重受损,取而代之的是对自然世界和未知地域的强烈好奇心。《守望先锋》团队设计过无数个不同的方案,最终才把致命的智能机械与热爱自然的探索者成功融为一体。

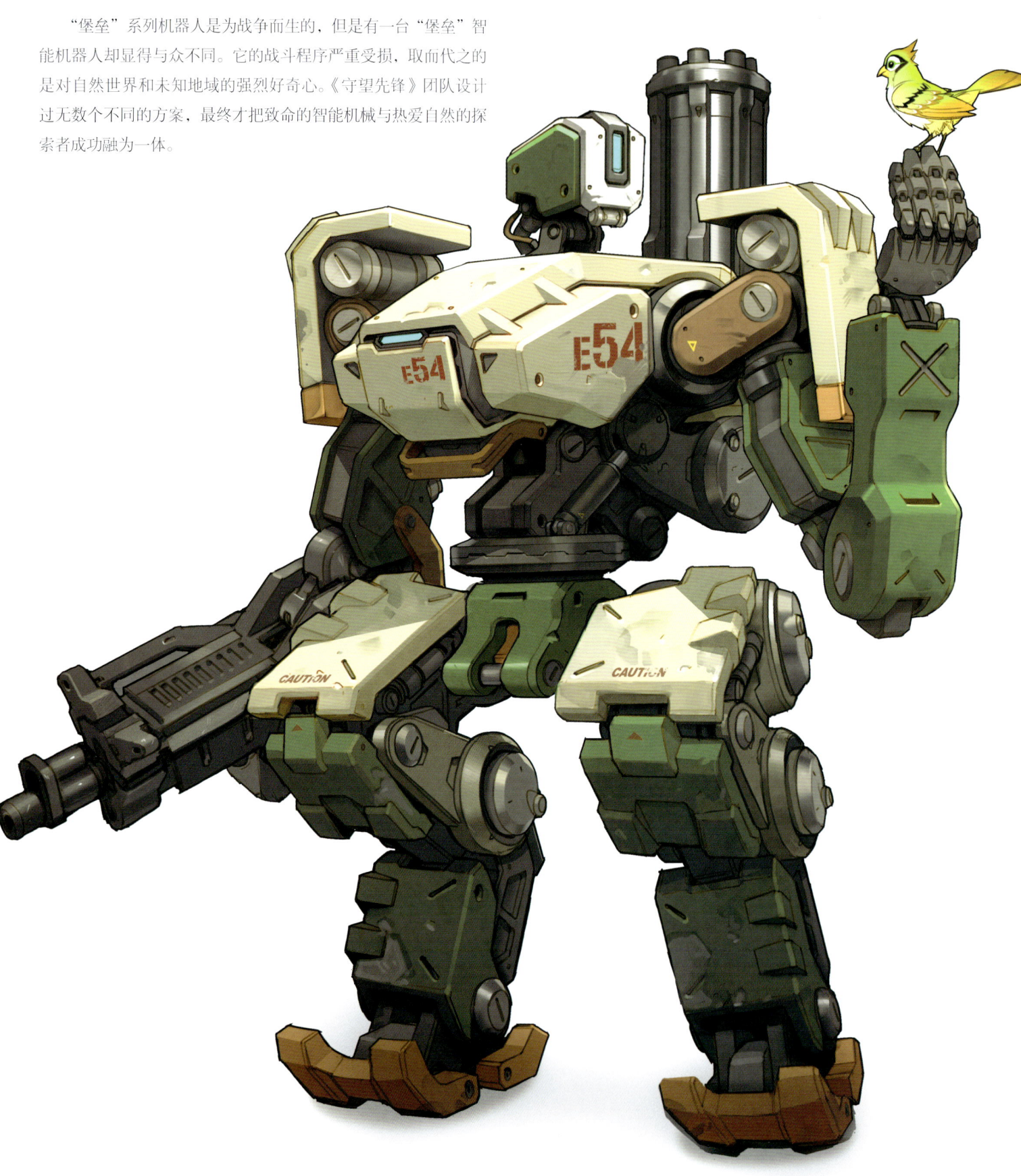

坦克模式

早期设计图

本页画作均出自 ARNOLD TSANG

▶ **技能构想**

"堡垒"终极技能的设计经历了多个阶段,一个早期的想法是使其变身成一个地雷(下页顶部图示),一旦受到触发,便弹升到空中,随即向周围倾泻狂风暴雨般的子弹。

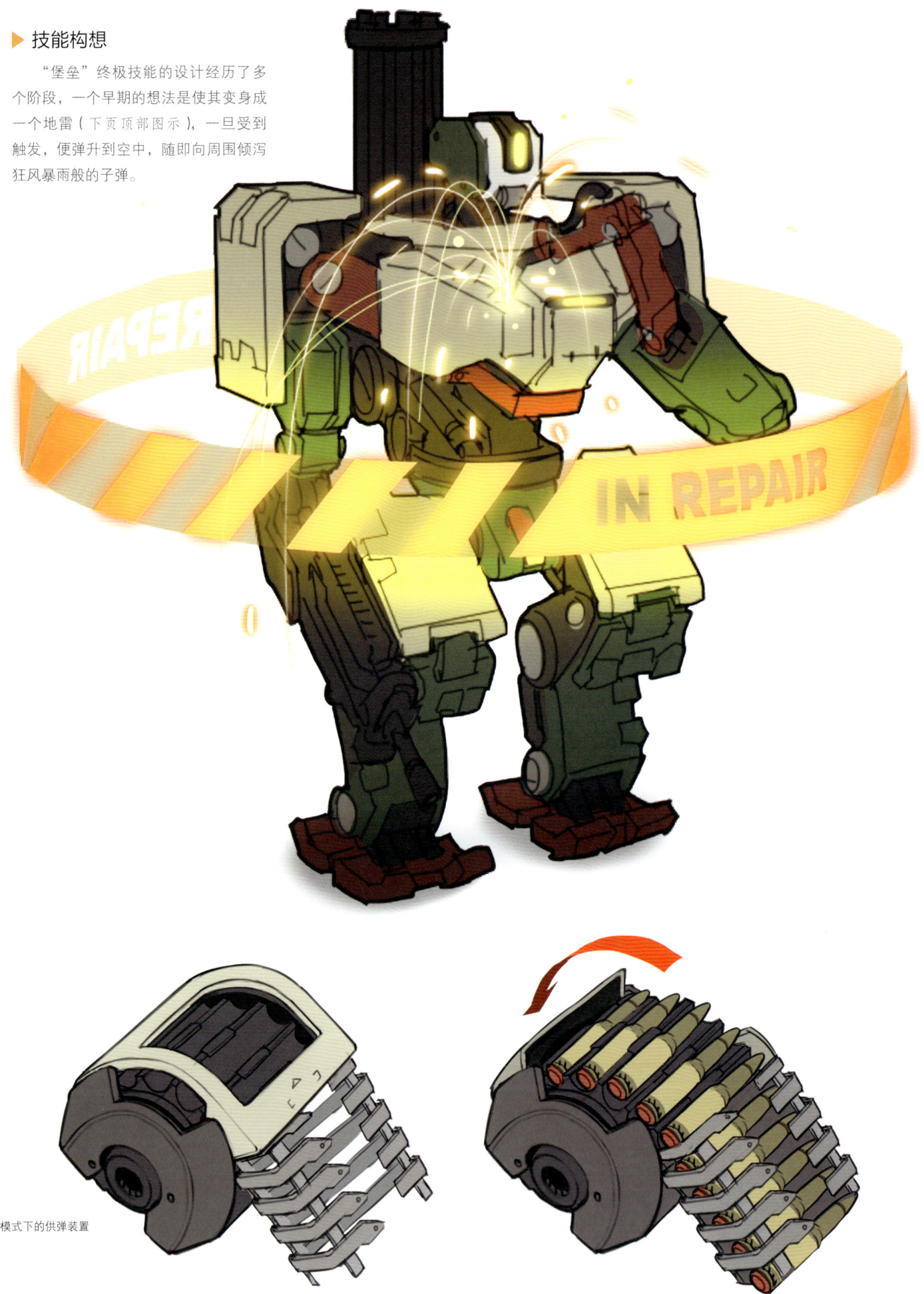

哨卫模式下的供弹装置

本页画作均出自 ARNOLD TSANG

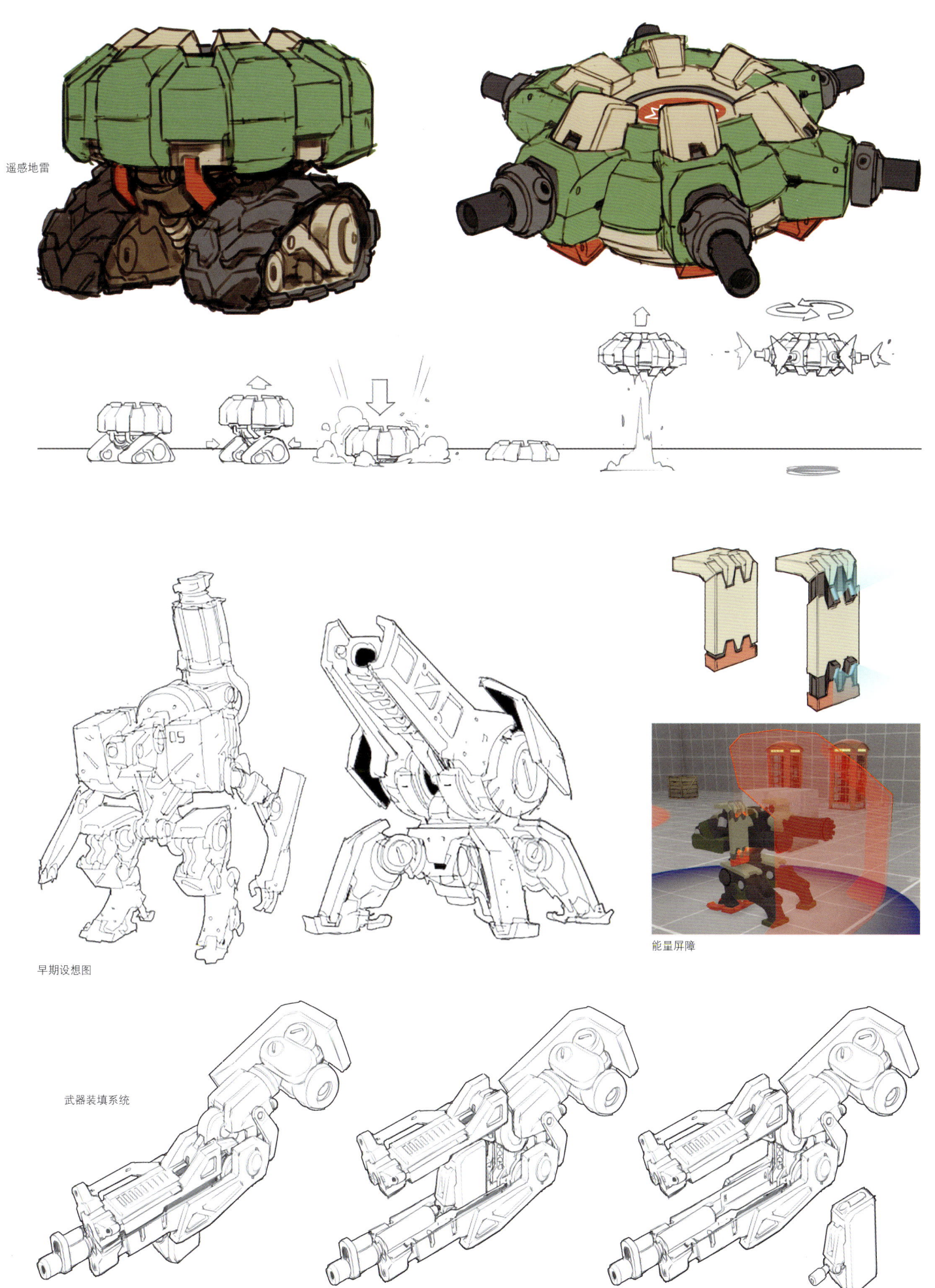

遥感地雷

早期设想图

能量屏障

武器装填系统

上图组图：ARNOLD TSANG　下图组图：BEN ZHANG

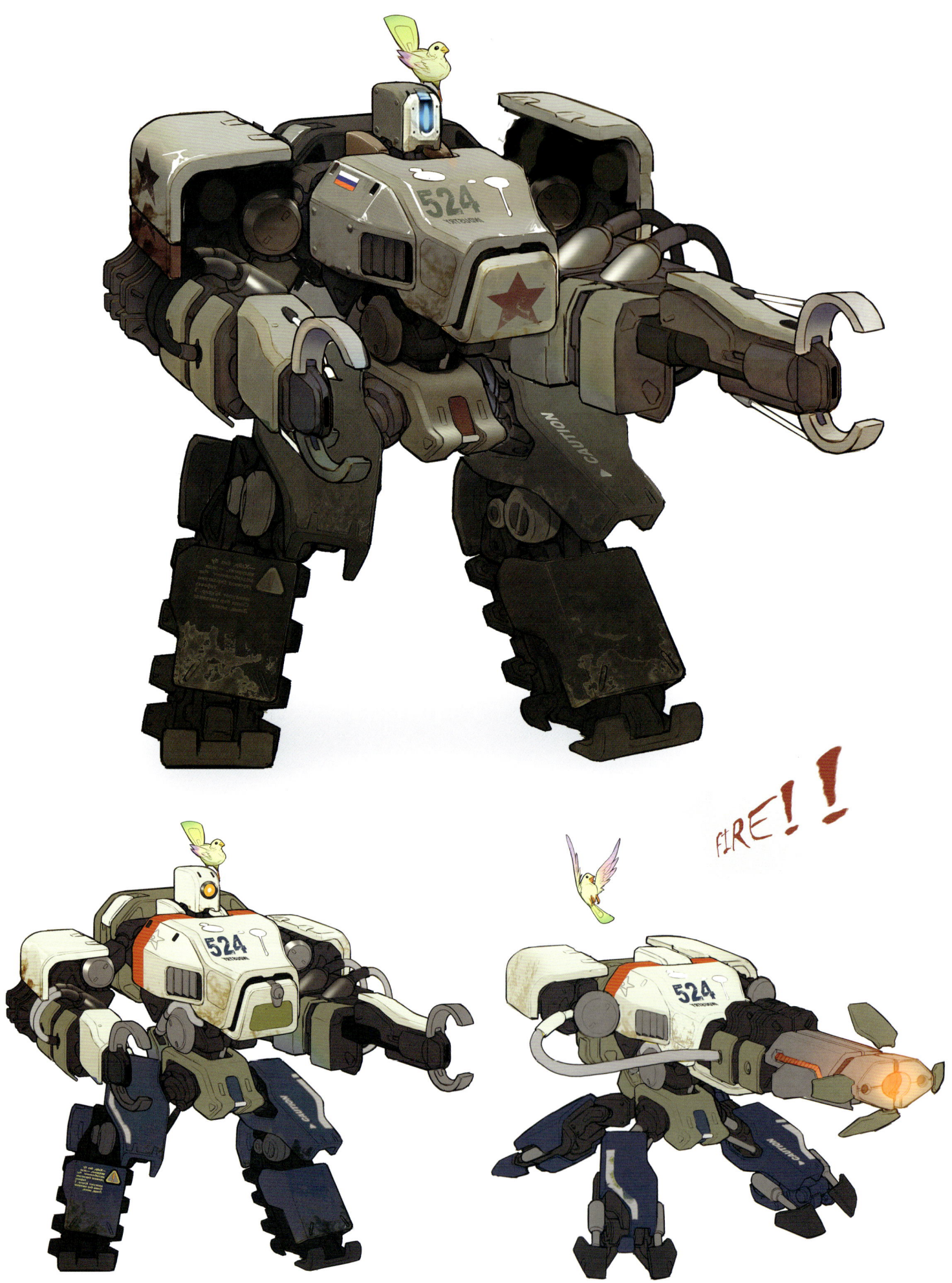

FIRE!!

本页画作均出自 BEN ZHANG

### ▶ 早期构想

在早期的设计中,开发团队认为"堡垒"的形象显得过于机械和冰冷。当一只小鸟被添加进来,画面立刻就呈现出别样的生机。

本页画作均出自 ARNOLD TSANG

英雄
# D.Va

　　"D.Va"曾是一位才华横溢的职业游戏玩家，而今则驾驶一台尖端机甲保卫她的祖国——韩国免受外部威胁。

　　在设计这个角色的时候，《守望先锋》开发团队希望表现出机甲与驾驶员心神合一的效果。机械坐骑不能仅仅是"D.Va"在战场上的攻坚利器，还要能充分展现她的斗志和朝气。

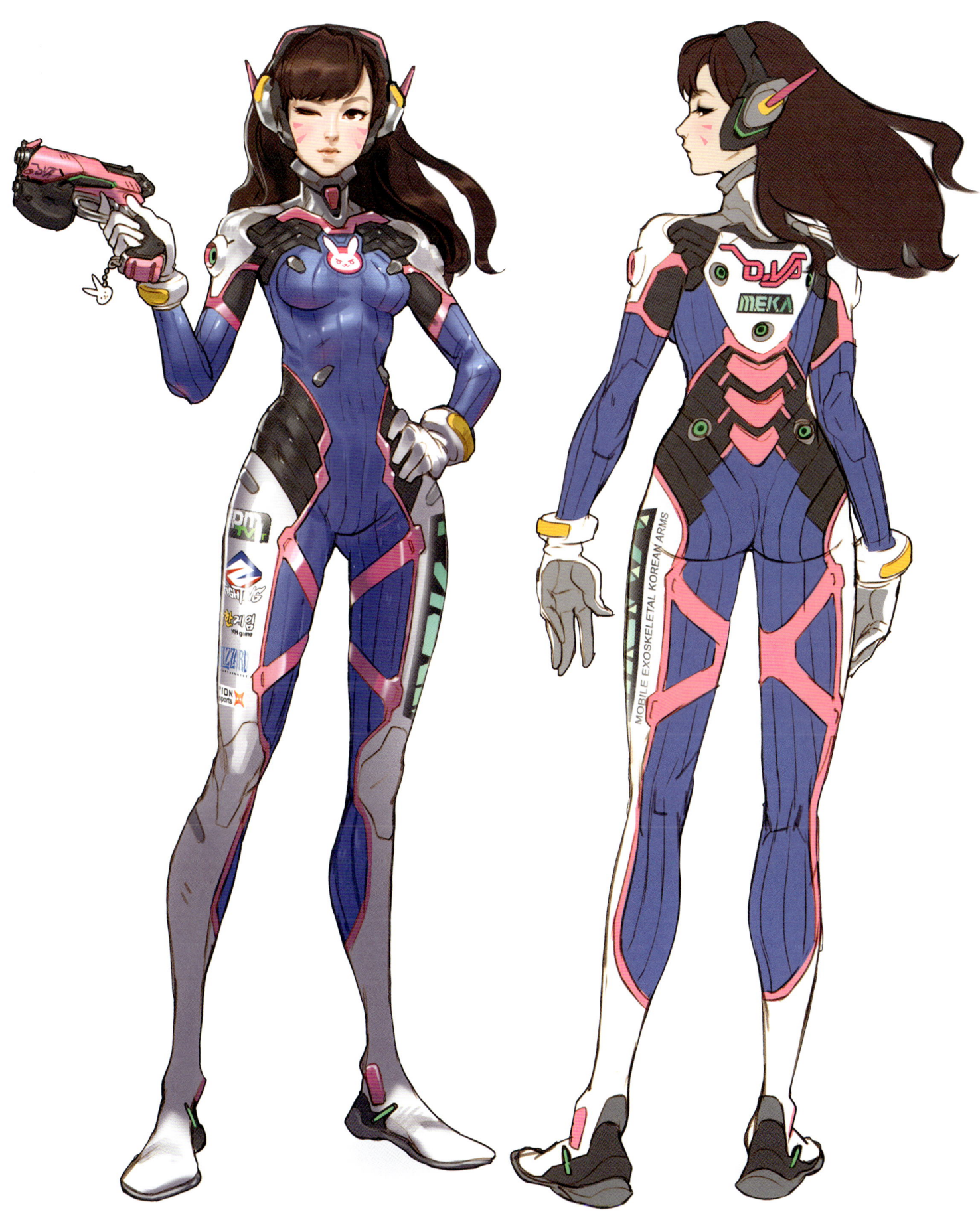

本页画作均出自 ARNOLD TSANG

防御矩阵视觉效果图

▶ 贴画设计

在《守望先锋》开发团队确定了"D.Va"是一名职业游戏玩家后,她的机甲便被绘制上了赞助商的贴画。

驾驶舱内视图

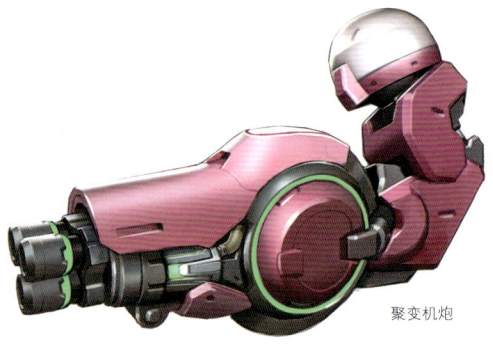

聚变机炮

上图:BEN ZHANG   左中:ARNOLD TSANG   右中:BEN ZHANG   下图:ARNOLD TSANG 和 DAVID KANG

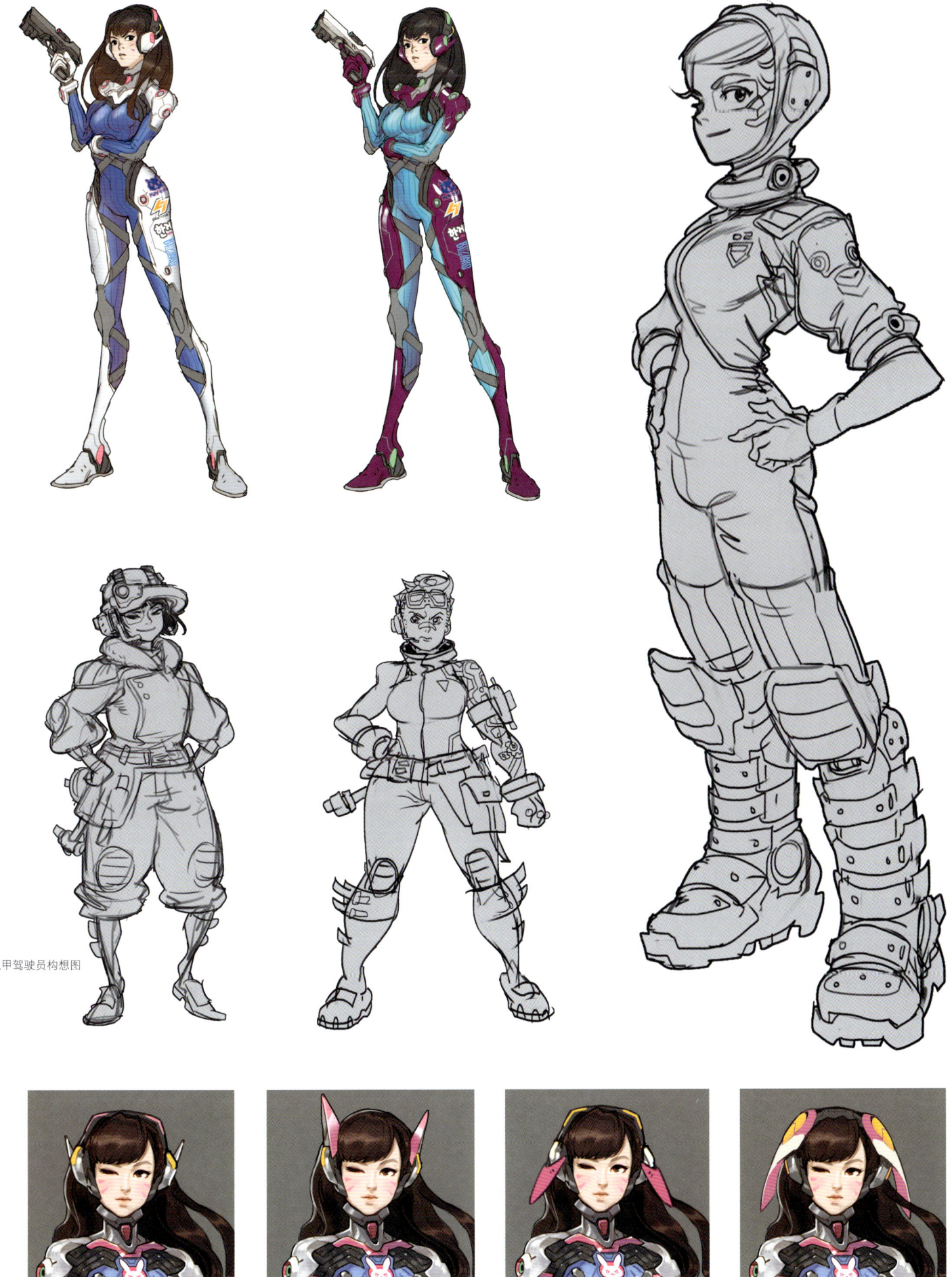

机甲驾驶员构想图

头戴式耳机设计图

本页画作均出自 ARNOLD TSANG

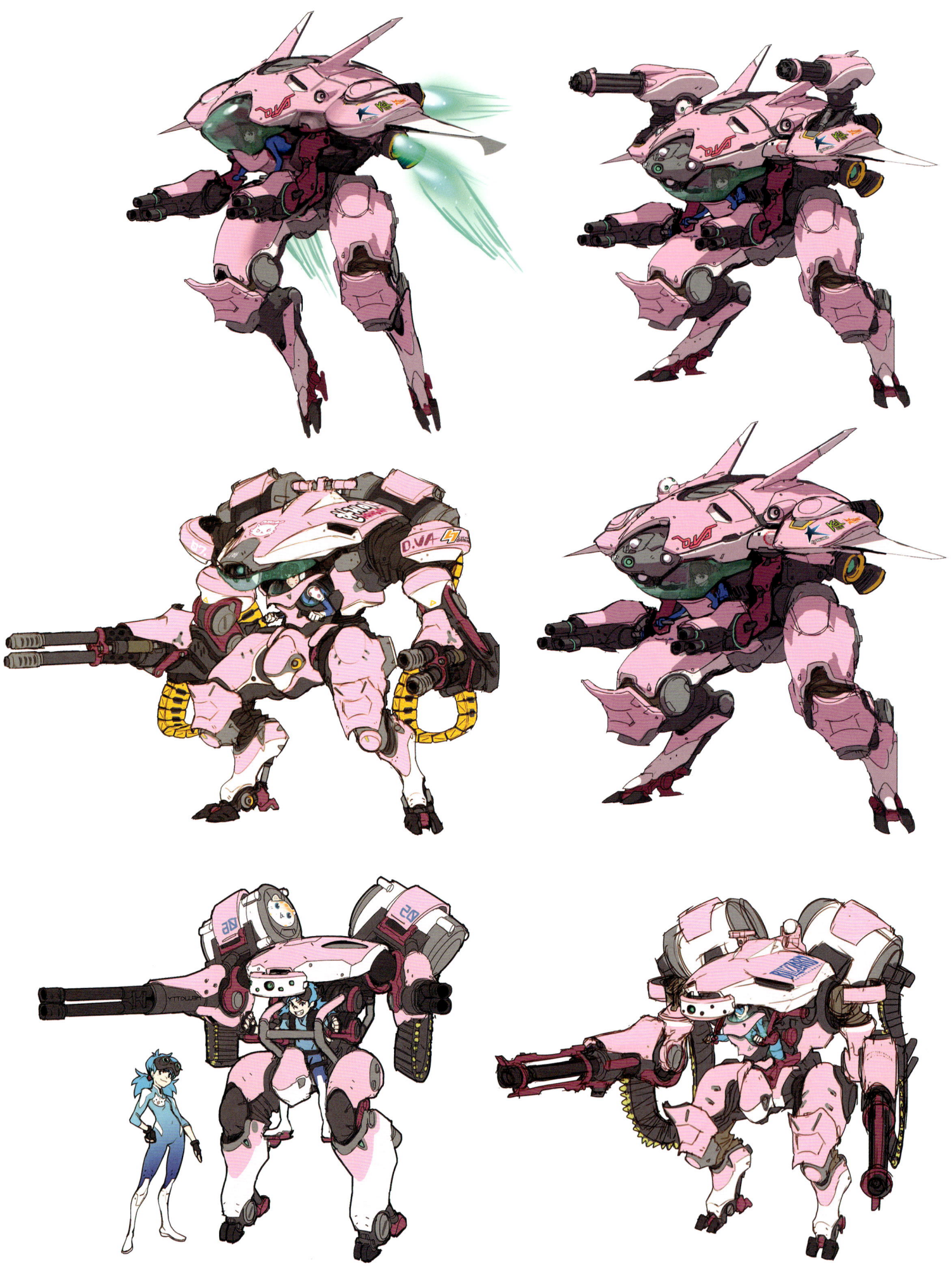

本页画作均出自 ARNOLD TSANG

## ▶ 早期设计

早期的"D.Va"设计出现了一个非常年幼的驾驶员（上页下部图示），开发团队希望这个角色能更显成熟一些，同时在机械外形上能给敌人更大的压迫感。于是设计人员增加了驾驶员的年龄，同时把机甲设计得威胁十足。

设计图中还可以看到，"D.Va"的衣服和机甲上印着一只猫的标志。在较晚的设计稿中，猫的头像被替换成了兔子，这样或许更能契合"D.Va"的技能，"飞跃"或者说"跳跃"一小段距离。

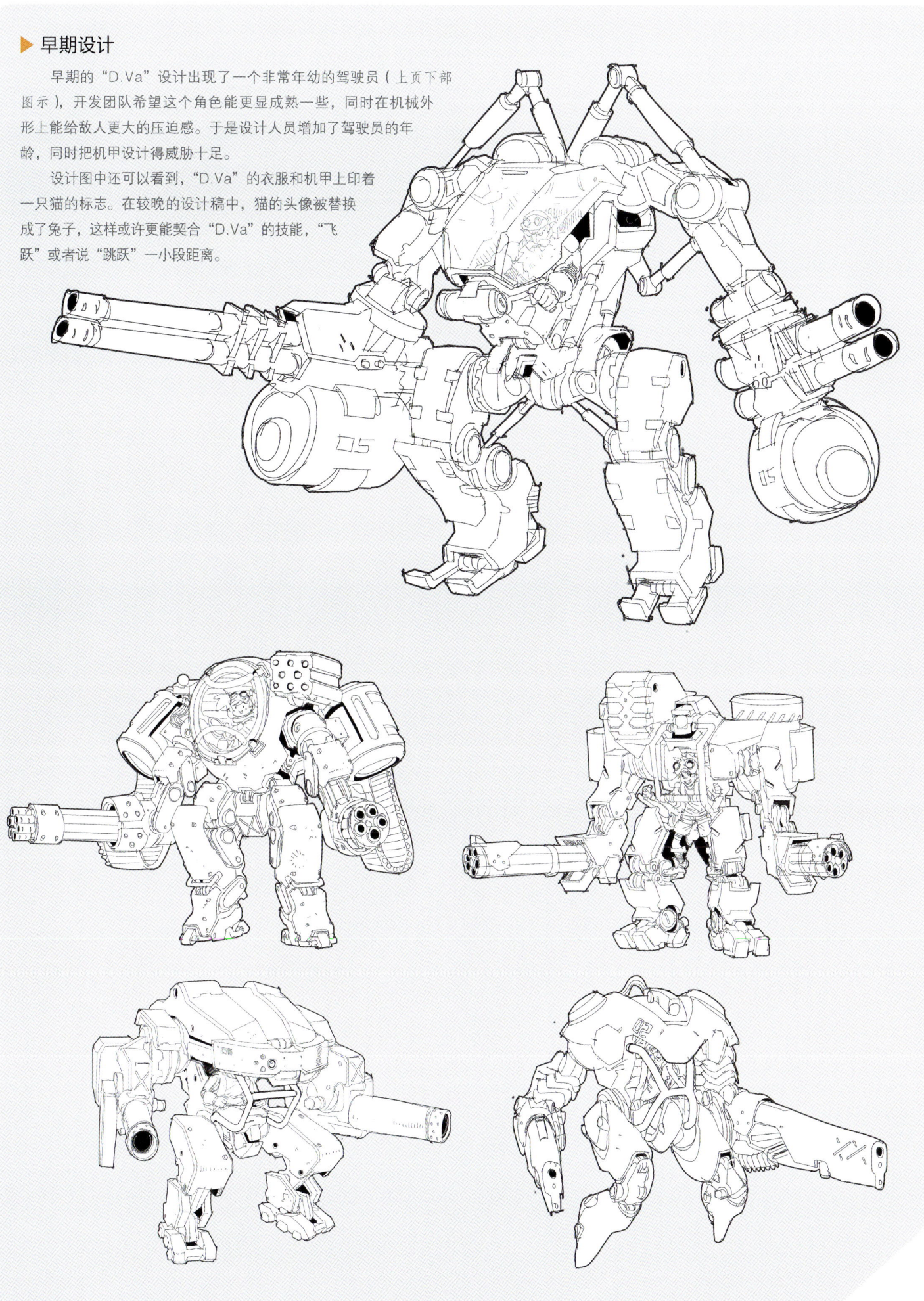

**英雄**
# 半藏

　　一个是专精于弓箭的刺客"半藏",一个是半机械忍者"源氏",技能不同,性格迥异。然而,他们却曾是同一个角色。

　　起初,《守望先锋》开发团队预想了一个精通各项忍者技法且善使各种刀剑武器的角色,然而对单个角色而言,这显得过于冗杂。与其舍弃掉许多精彩的创意,不如将其拆分成两个人物。

英雄
# 源氏

在明确了设计思路之后,"半藏"和"源氏"得以分别构思。《守望先锋》开发团队因此遇到了新的难题:怎样才能令两者风格鲜明而不雷同。

"源氏"的机械躯体非常醒目,给人强烈的视觉冲击感,同时设计团队也希望赋予"半藏"与之相当的形象。最终,设计师们决定采用尖端科技风格(手持高科技武器,穿戴机械化的脚靴与手套)与日式文化元素(描绘于左臂的文身,印染在服饰上的绚丽花纹)相互融合的效果。

本页画作均出自 ARNOLD TSANG

"源氏"的武士刀：龙一文字

胁差

动作姿态图

▶ 家徽设计

"半藏"与"源氏"分设两角的构想开启了全新的叙事,两位英雄被设定为兄弟,身属一个势力强大的日本忍者家族。受真实的日本家徽启发,《守望先锋》开发团队尝试了样式各异的标志来表现他们的家徽(如下图示)。其中,两条首尾咬合的龙形图案最契合主题,既展现出兄弟间的恩怨纠葛,也暗示着两位英雄掌控着令人惊叹的神龙之力。

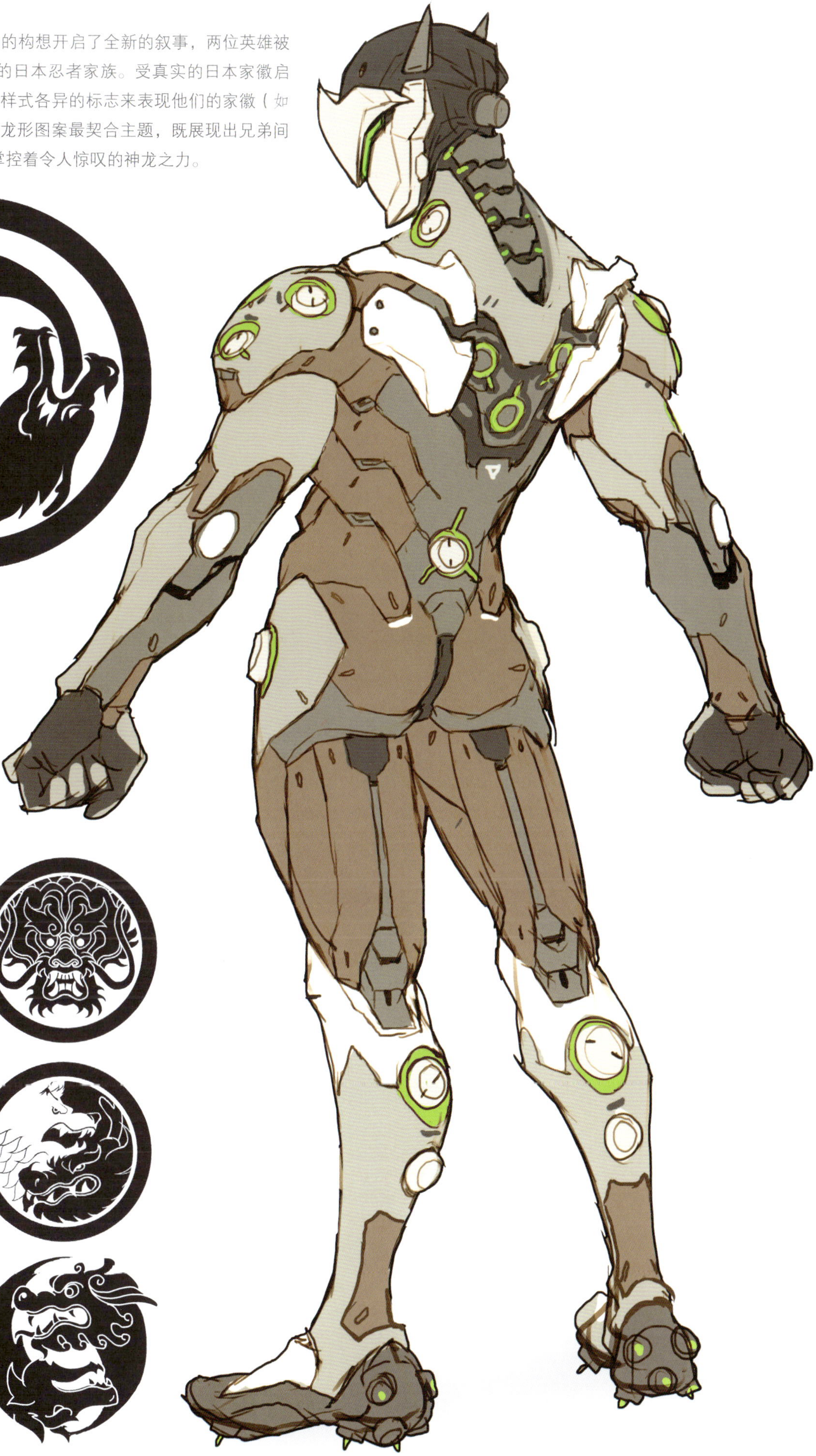

本页画作均出自 ARNOLD TSANG

英雄 » 守望先锋艺术设定集

早期设计图

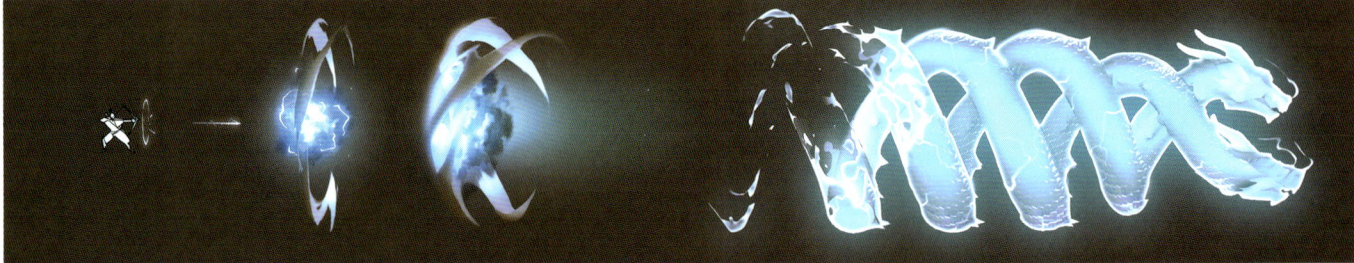

"龙"

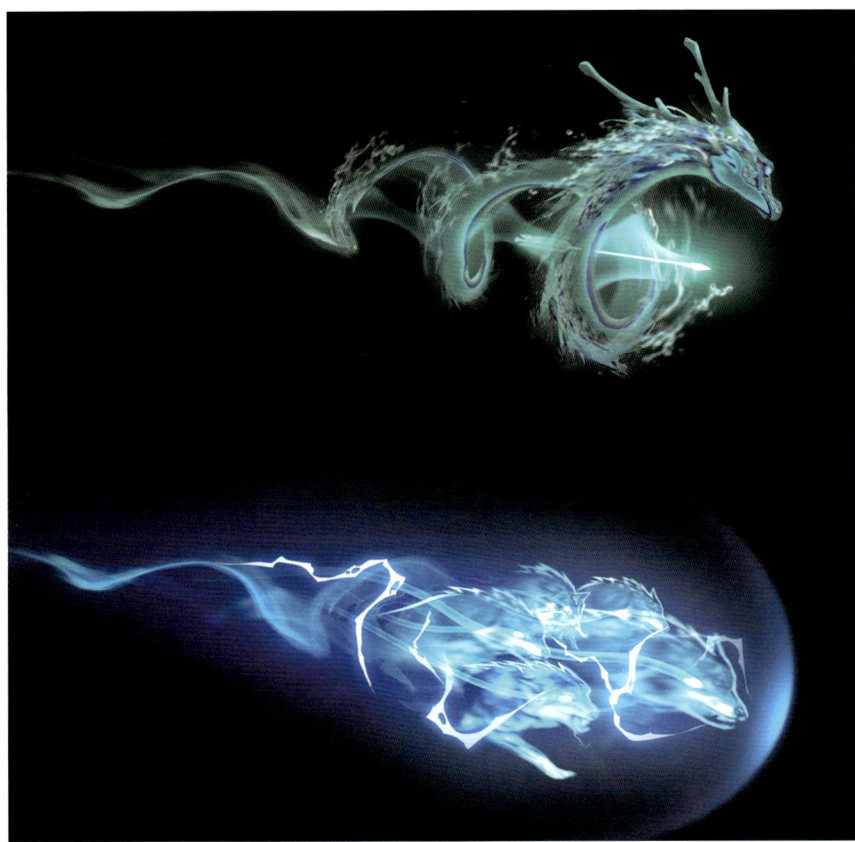

"龙"构想图

恶鬼半藏文身

左下图：BEN ZHANG　其余：ARNOLD TSANG

刺客造型设计图

英雄
# 狂鼠

"狂鼠"是一个满脑子都是炸弹的变态疯子,曾居住在位于澳大利亚内陆的辐射荒地。

将"狂鼠"加进英雄队伍是基于游戏玩法的考量,开发团队原本希望创造出一个能够令炸弹触墙反弹并造成间接伤害的角色,从而制造骚乱影响战局。"狂鼠"所具有的癫狂个性恰到好处地充实了《守望先锋》的世界观,使其在当前英雄阵容中脱颖而出。

### ▶ 终极技能设计

在早些时候，"狂鼠"的终极技能是发射一枚巨大的导弹（下一页的多张设计图均有展示）。开发人员发现，这样的技能会在游戏进行的时候给玩家造成视觉上的混乱，于是决定换成满载炸药的遥控式轮胎。

背包

本页画作均出自 ARNOLD TSANG

本页画作均出自 ARNOLD TSANG

### ▶ 人物设计

"狂鼠"的外观设计和背景故事经历过多次修改，其中一个备受设计师青睐的版本是身穿宽大厚重的防爆服并戴着慑人的头盔（第40-41页图示）。然而开发人员希望能充分展示出人物的脸部表情，所以取而代之的是一个极端狂放张扬的形象。

紧接着，设计团队开始思考，"狂鼠"究竟应该来自何处？为此画师们绘制了许多概念稿，把"狂鼠"设计成墨西哥骷髅帮或其他危险组织的成员（上页第一行第二张图）。最终，设计团队决定把他定位为一名拾荒者，深居澳大利亚内陆，靠在废墟中搜寻物资过活，野蛮而危险。

上图：BEN ZHANG　下图：ARNOLD TSANG

▶ 人物设计

最早对"狂鼠"的设计中，包含有机械肢体和机械骨骼的设计元素（下页下部图示），这样的风格一度令"狂鼠"看起来更像外星人而非人类，也导致了开发团队设计出穿戴重型防爆服的形象（如左图示）。

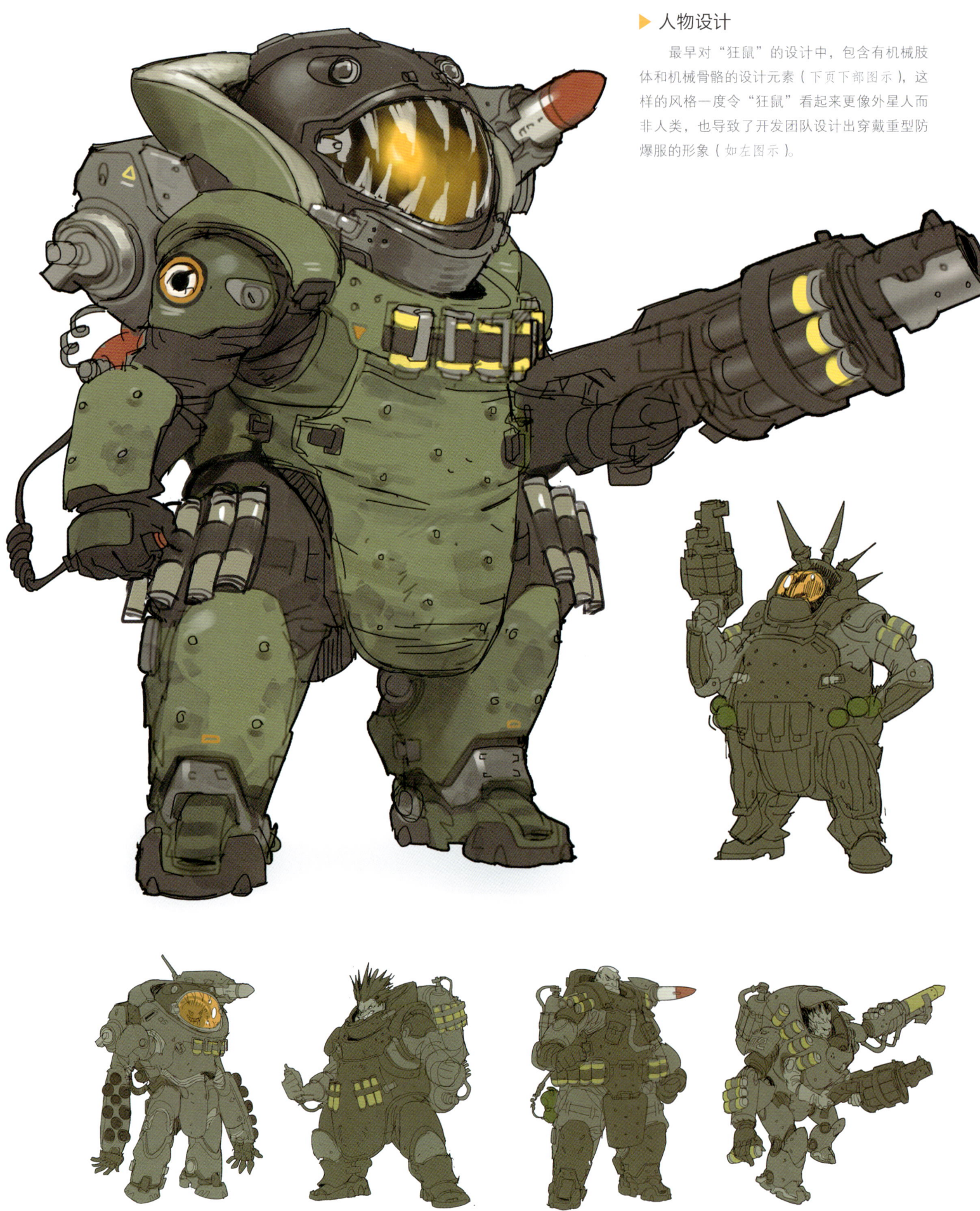

本页画作均出自 ARNOLD TSANG

文身　　　　　地雷引爆器　　　　熔线炸弹

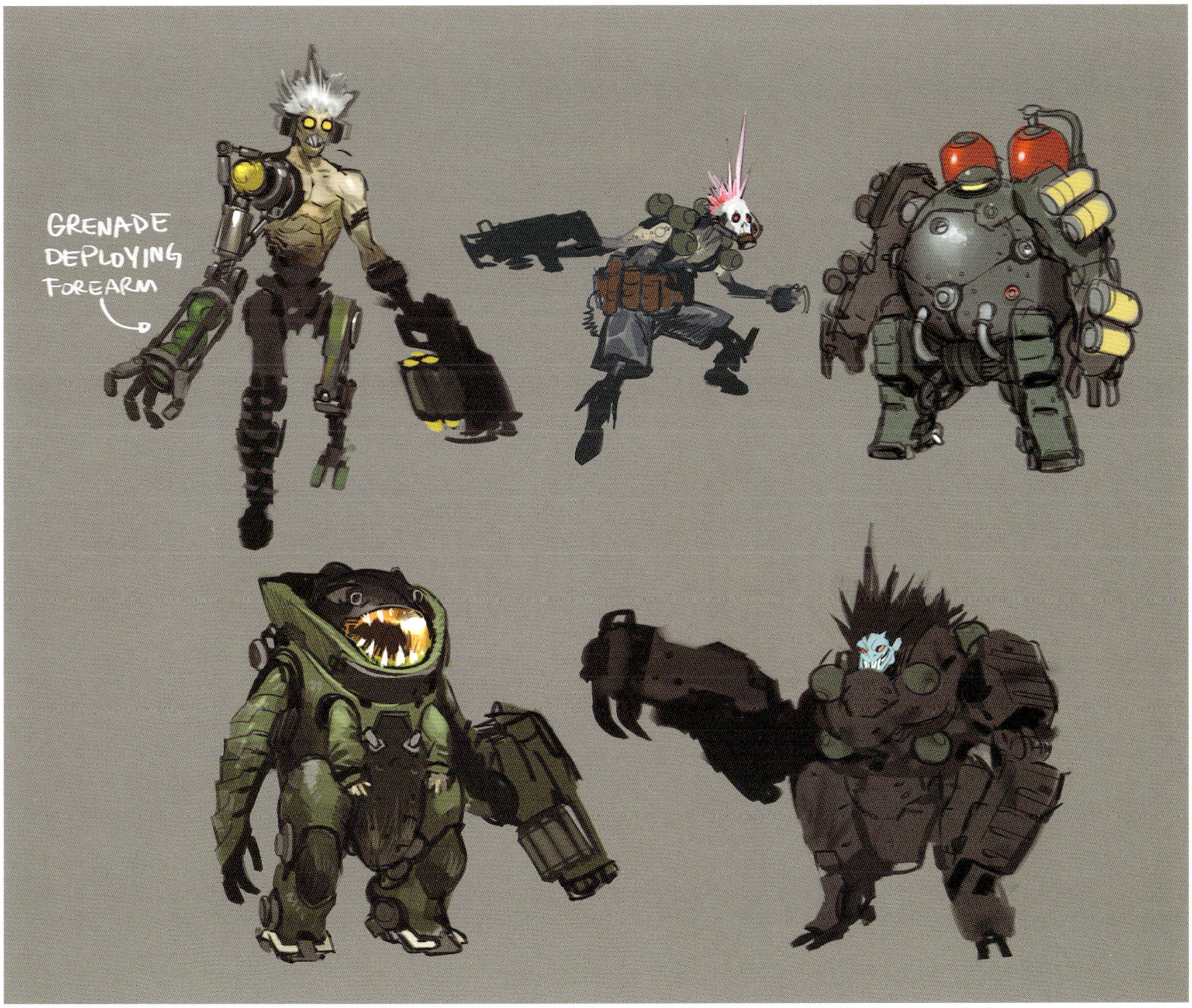

榴弹发射器假肢

上图：ARNOLD TSANG　上中和右中图：DAVID KANG　下图：ARNOLD TSANG

# 英雄
## 卢西奥

"卢西奥"是一名出生于巴西里约热内卢贫民窟的知名艺术家,善用音乐的力量激励同伴并与社会上的不公战斗。

创造一个以音乐为核心的英雄,犹如在科幻的世界里塑造一位写意的吟游诗人,开发人员为此感到无比兴奋。他们基于对光和音乐的运用,为人物设计了欢快的个性与灵活的位移能力。

其中一个"卢西奥"的晚期版本几乎拥有了所有设计人员想要的一切(下页最右图示),只有一点不足:这位英雄的形象与普通人无异。于是,在最终版本里,设计团队给"卢西奥"穿上了高科技护甲,平添了一分英雄气概和独特魅力。

画师:ARNOLD TSANG

背包　　　　　音速扩音器子弹

左上、右中上和下图：ARNOLD TSANG　右上和左中上：DAVID KANG

▶ 人物设计

在早期的设计中,"卢西奥"的臀部周围挂着两个调音台,裤子则被设计成音乐均衡器,均衡器的光柱会随着"卢西奥"播放的音乐不同而上下跃动。不过,考虑到跳动的彩光会使游戏中的玩家分神,开发人员随后简化了一些设计。

"卢西奥"给邻居小孩儿送曲棍球护具

本页画作均出自 ARNOLD TSANG

卢西奥宣传资料设定图

切歌视觉效果图

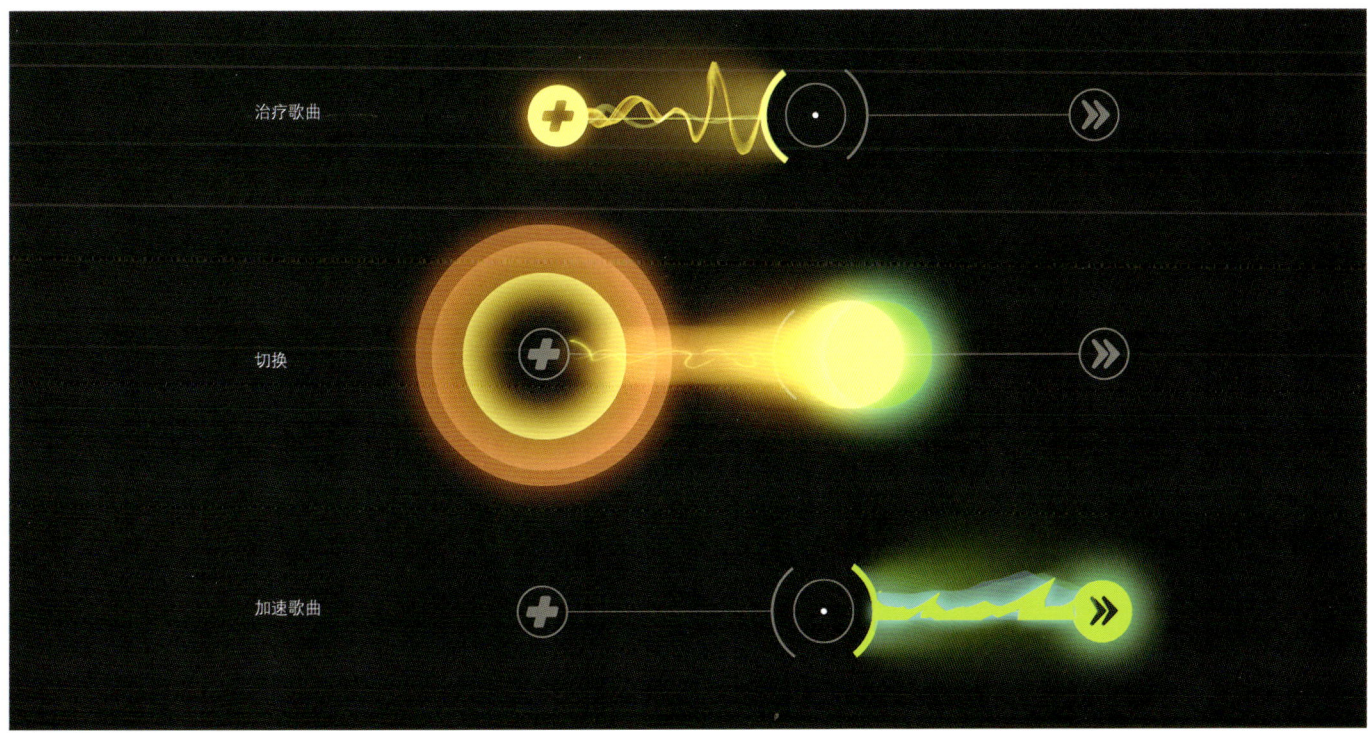

切歌用户界面效果图

上图：BEN ZHANG　中间：ARNOLD TSANG　下图：RANDAL DUMORET

▶ **人物背景设定**

在构思"卢西奥"身世背景的时候,开发人员一致决定将他设计成巴西人。南美之星巴西的确非常与之相配——生动活泼的国度,享誉世界的音乐文化。开发团队把许多巴西的元素融入"卢西奥"的设计中,黄绿相间的配色源于巴西的国旗色,甚至招牌的青蛙图案也借鉴自一种栖息在亚马逊河流域的巨型猴蛙,这是一种皮肤呈亮绿色的两栖动物,常出现于当地传统的治疗仪式中。

画师:BEN ZHANG

英雄
# 麦克雷

　　不法之徒"麦克雷"的雏形设计早在"泰坦"项目终止后不久便开始了，设计人员尝试了各种不同的外观风格，绘制了多幅设计原稿（第50页图示）。集科幻气质和经典枪侠原型于一体，"麦克雷"很快就让开发人员爱不释手。

　　在《守望先锋》的开发步入正轨之后，设计团队立即将"麦克雷"塑造进游戏中。可以说，"麦克雷"完美地具备一名英雄人物所需的一切要素：坚毅的性格特征、硬朗的视觉形象，还有广为传知的流行文化元素。

画师：ARNOLD TSANG

## ▶ 人物设计

在"麦克雷"早期形象的描绘中,设计团队深入讨论了该用哪只手持枪。最终他们认为,右手持握左轮手枪而机械左臂按压撞击锤倾泻子弹的一瞬间,更能彰显"麦克雷"的硬汉本色。

左轮手枪"维和者"构想图

上图:ARNOLD TSANG 左下图:DAVID KANG 右下图:BEN ZHANG

画师：ARNOLD TSANG 和 PETER C.LEE

▶ 早期构想

最早的"麦克雷"形象（如上页图示）来自于一幅由克里斯·梅森创作的《星际争霸》旧版插画（如下图示）。当设计团队看到电脑里构建出的"麦克雷"3D模型时，所有人都兴奋极了。

与正式游戏中的版本相比，开发人员只对"麦克雷"的初始原型做了很小的修改，主要是对其外观的微调，将原先的风衣换成了一件塞拉普式披肩，在他的皮带上加挂了其标志性的闪光弹。

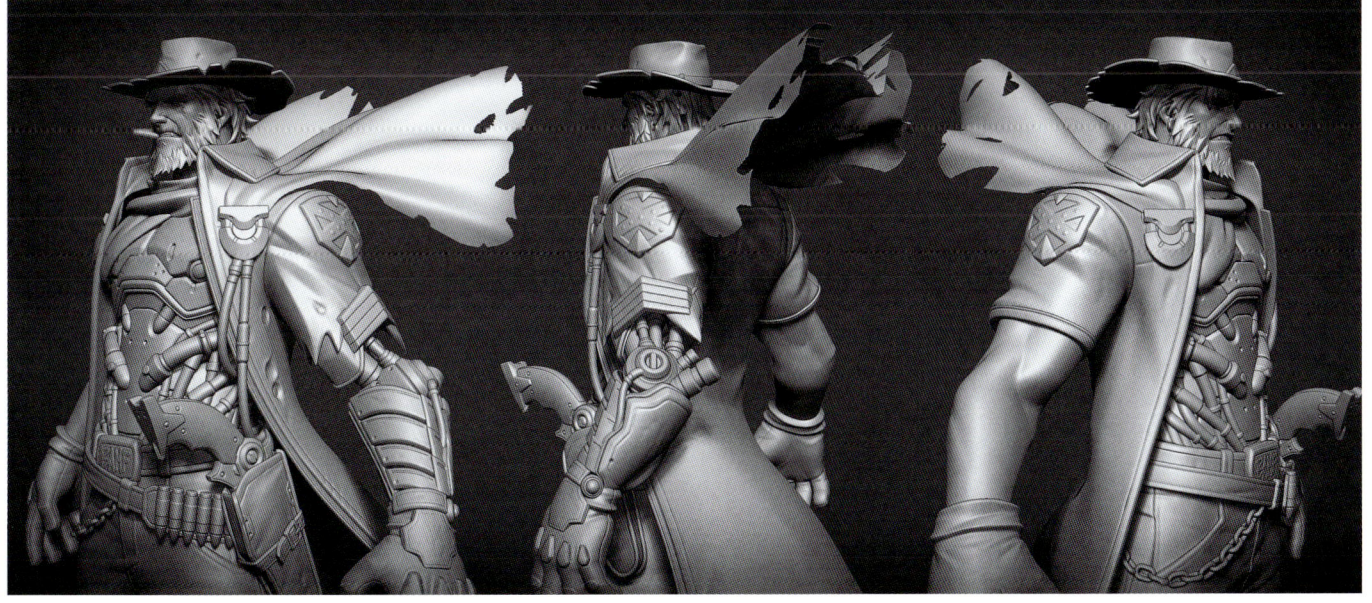

左上图：克里斯·梅森　右上图：ARNOLD TSANG　下图：RENAUD GALAND

### 英雄
# 美

　　《守望先锋》制作团队一直非常关注拥有急冻能力和冰雪即视感的英雄,但其成型之路并非一帆风顺。在设计人员尝试了无数版设计方案后,一位可爱迷人、开朗乐观的科学家——"美"诞生了。

右上图：BEN ZHANG   其余：ARNOLD TSANG

▶ "雪球"的设计

《守望先锋》开发团队为"美"量身定制了"雪球"无人机,以使其能够释放终极技能——暴雪,同时它还能作为有趣的伙伴与"美"产生亲密的互动。设计人员唯一担心的是,无人机的设计不能喧宾夺主,更不能掩盖"美"的形象。在多次不同的尝试后,"雪球"的处理恰到好处——既讨人喜欢,又不过分张扬。

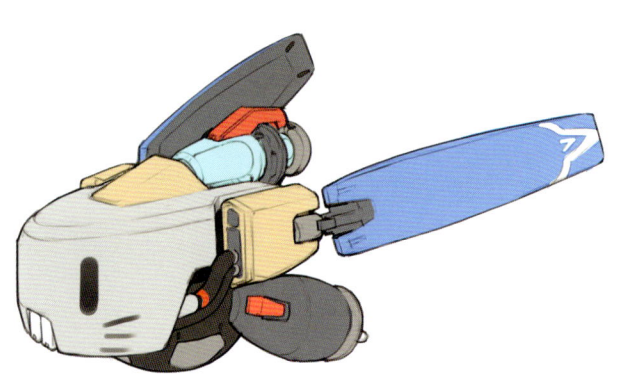

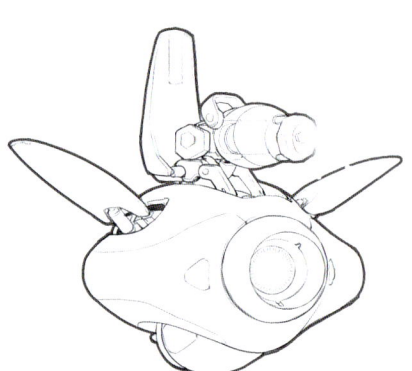
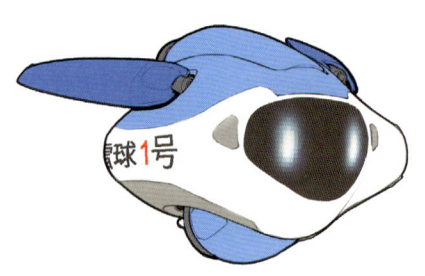
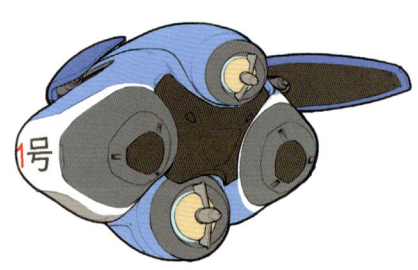
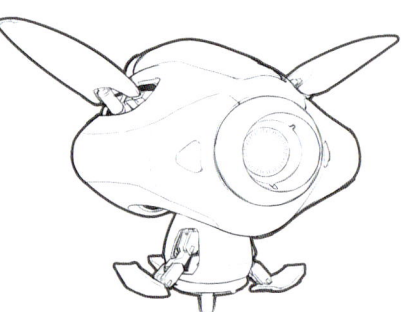

视觉效果图

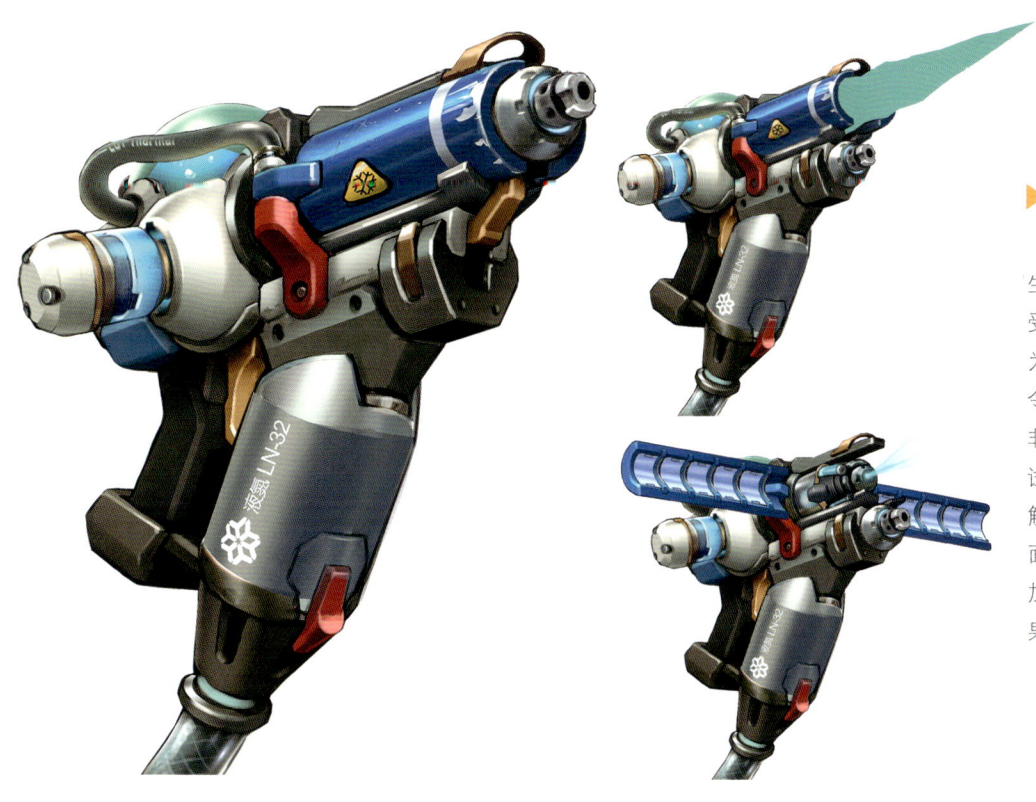

### ▶ 技能构想

开发人员起初希望"美"能够生成一堵透明的冰墙,可惜的是,受限于技术,最终只能把冰墙更改为不透明。棘手的问题接踵而来,令冰墙具有冰一般真实的视觉质感非常困难。经过一次又一次的反复试验,开发团队利用光学技术手段解决了问题。他们通过赋予墙体表面不同水平的亮度,以及在墙体中加入气泡,打造出了逼真的视觉效果(上页右下图示)。

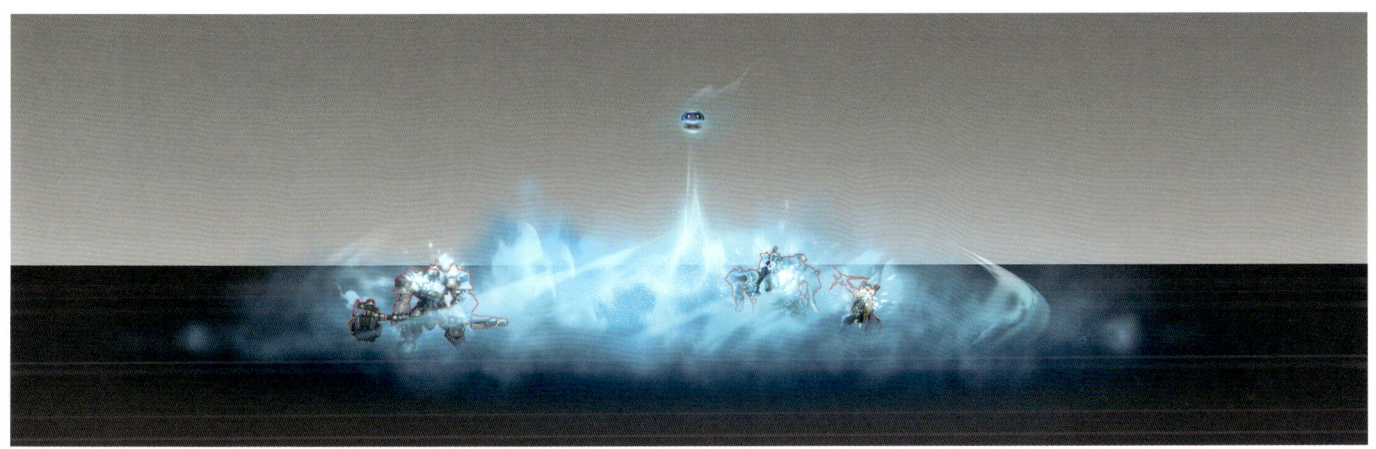

暴雪视觉效果图

本页画作均出自 BEN ZHANG

▶ 人物设计

经过第一版的设计（如下页图示），新设计方案中的"美"更多地被刻画成可爱的科学家，而不仅是一位老练的冒险者。

开发人员非常认可这些设计风格（如上图示），只是"美"的装扮与武器显得过于精致繁复，一把双手持握的枪使得她的人物剪影与另一个英雄"查莉娅"十分相似。基于这几点，设计人员在随后的设计中进行了修改，让"美"的装备有种手工制作的美感，仿佛是她自己拼装的。同时，长枪被简化成了手枪，这不但令"美"的人物轮廓独一无二，也使得她可以腾出另一只手来施放技能或摆摆造型。

左下图：BEN ZHANG 其余：ARNOLD TSANG

▶ 人物设计

起初"美"的概念图令设计师们激动不已，但他们还是觉得这个形象给人的胁迫感过于强烈。游戏中已经存在几位令人胆寒的英雄了，团队更希望能添加一些轻松活泼的角色。

画师：JUSTIN THAVIRAT

英雄
# 天使

"天使"是最早的支援型英雄之一,一位出色的科学家和坚定的和平主义者。

早期版本的"天使"与她最终的正式形象完全不同,该角色起初是一位男性(下页上部图示),在较晚些的时候才确定为女性英雄。

在确定了人物的设计方向后,设计人员在"天使"的配色上争执了许久。一开始的主色调选用的是绿色,并融合了医疗工作服的朴素外观(下页下部图示)。

然而开发团队希望追求更带幻想主义风格的设计——就像《魔兽争霸》中"圣光"的效果,于是"天使"的翅膀、服饰以及技能的色彩都由绿色改成了金黄色。

上图：LAUREL AUSTIN  其余：ARNOLD TSANG

## ▶ 武器设计

《守望先锋》开发团队认为长杖武器非常契合"天使"的形象,但设计师也希望赋予她一定的进攻能力,比如加上一把手枪。刚开始,设计人员期望将长杖与手枪两者结合起来。"天使之杖"可以变形成为小型的手枪,只是这样的武器对"天使"来说显得过于庞大和笨重。

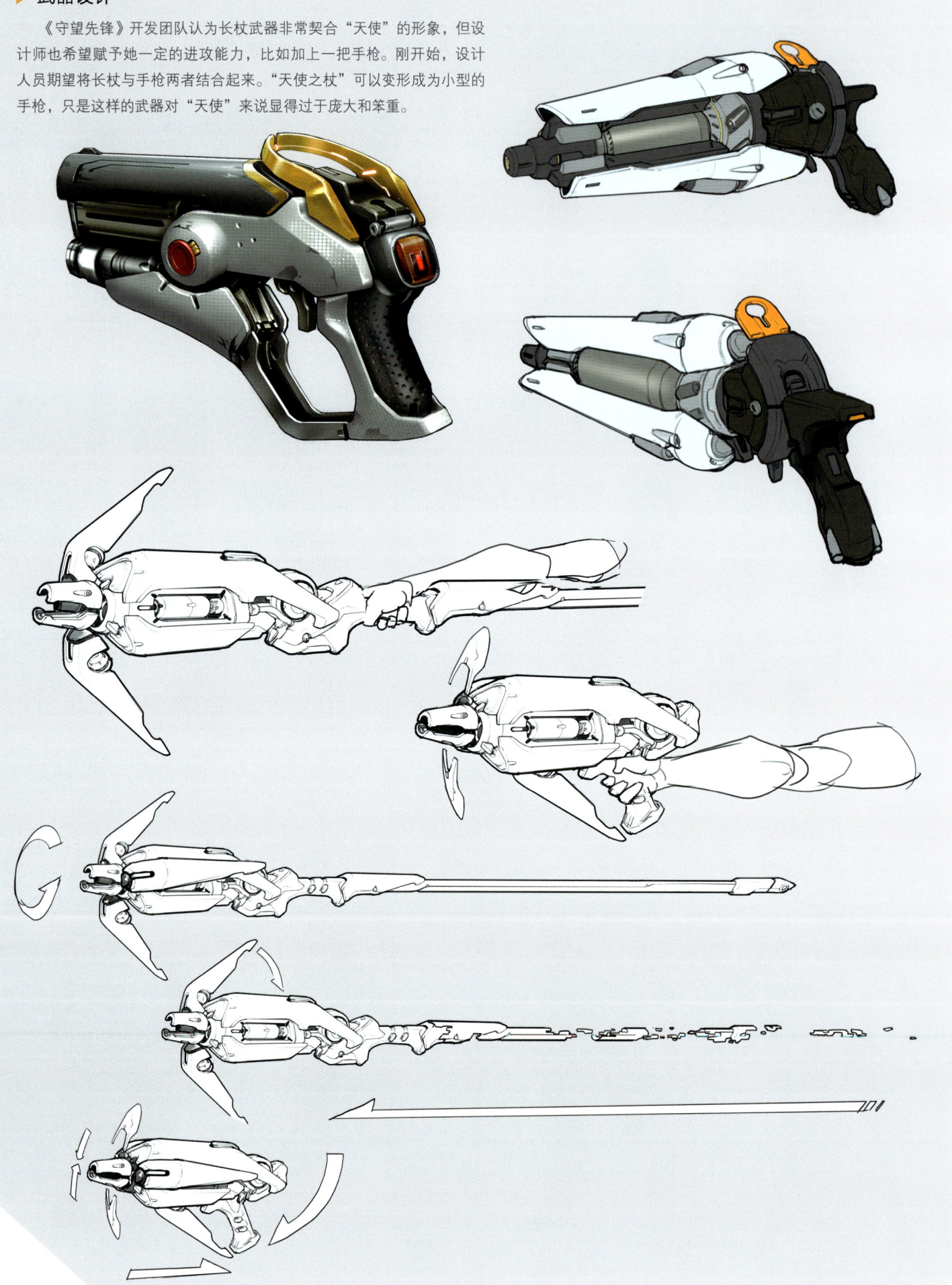

▶ 早期构想

在《守望先锋》英雄阵容里,"天使"可以算是借鉴了暴雪游戏经典原型的人物之一。设计团队参考奇幻世界中天使形态的治疗者,塑造出了科幻风格十足的角色形象。

本页画作均出自 ARNOLD TSANG

英雄
# 奥丽莎

"奥丽莎"是《守望先锋》里第一个拥有四只脚的英雄,这样的设计选择主要是为了区别于现存的其他智能机械,如"禅雅塔"和"堡垒"。她也是第一个诞生于努巴尼的英雄。未来感极强的非洲城市努巴尼所具有的风格,与游戏中的其他场景截然不同,设计师也着重将城市的鲜明特征与建筑美感赋予了"奥丽莎"。

在敲定"奥丽莎"的外形之后,开发人员开始构思她的身世来历。作为一个被新造出的人工智能机械体,"奥丽莎"如同新生的婴儿一般,需要学习许多关于这个世界和自身能力的知识。一位名叫伊菲·奥拉迪尔的天才少女(如下图示)坚信努巴尼需要一个守护者,于是组装了"奥丽莎"。尽管玩家不能在游戏中选择这位年轻的女孩,但伊菲的出现给了设计团队将故事延伸至游戏之外的可能。

左图:ARNOLD TSANG  右图:BEN ZHANG

早期设计图

动作姿态图

左上图：ARNOLD TSANG 右上和下方图：BEN ZHANG

### ▶ 早期构想

设计人员希望赋予"奥丽莎"智能机械的躯体,就像英雄"堡垒"那样,因此许多其早期的设计稿大量采用了方形和锐角的图形元素(如下图示)。但是,这种设计使得"奥丽莎"与普通的机器人相比并无二致。在随后的改进中,"奥丽莎"的形态愈发优雅,轮廓也表现出流线形的美感,设计团队以此来强调"奥丽莎"是新生代的智能机械人,同时也准确地展现出努巴尼这座城市的高科技属性。

即使在敲定了"奥丽莎"的整体外观后,开发团队依然对其进行了大量的细节优化。曾经"奥丽莎"的外形与甲虫十分相似,而设计团队渴望塑造出力量强大的城市守护者,两者在形象上并不匹配。在定稿中,设计师令其身姿更加挺拔,修改了手臂的样式,使得"奥丽莎"更多地拥有半人马的气质。

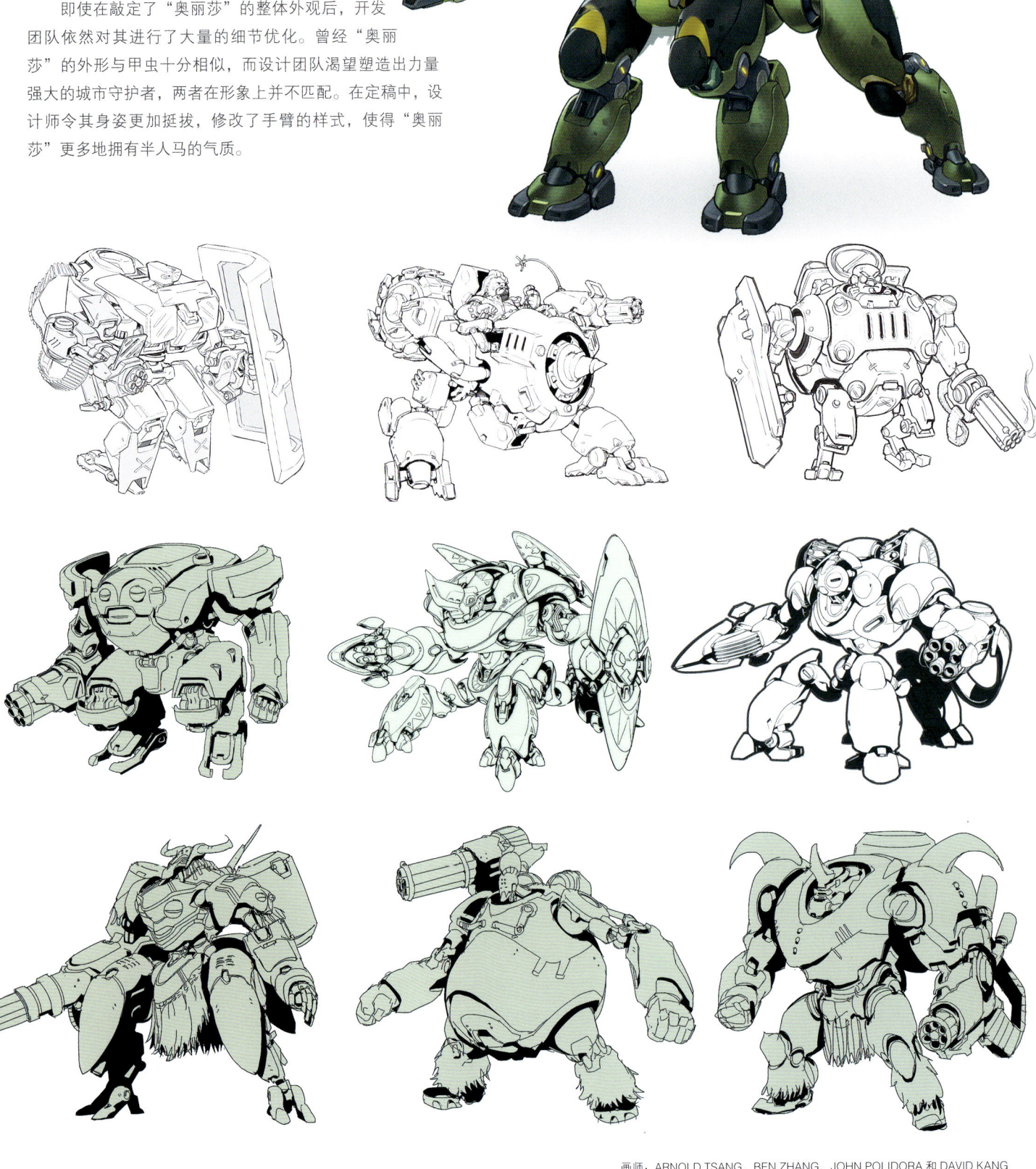

画师:ARNOLD TSANG、BEN ZHANG、JOHN POLIDORA 和 DAVID KANG

防护屏障

超充能器

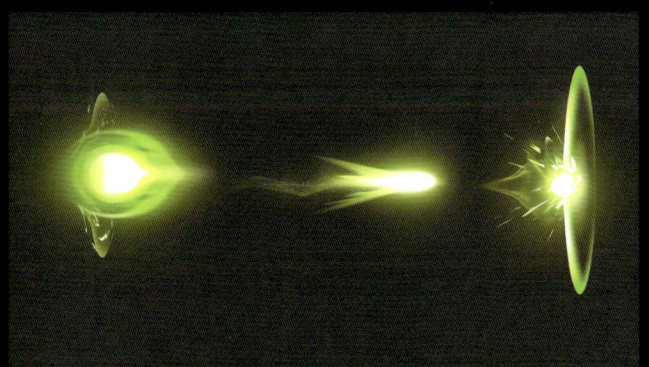
聚变驱动器开火及子弹撞击效果图

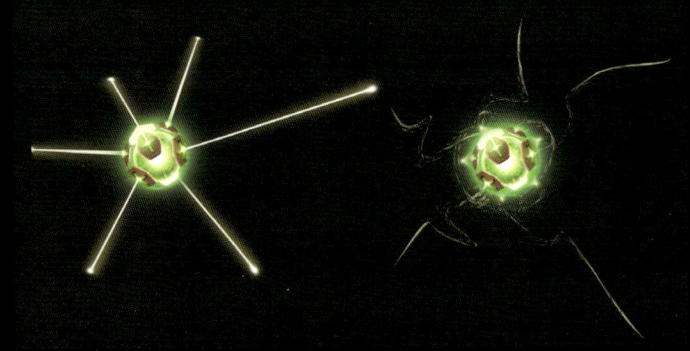
站住别动!

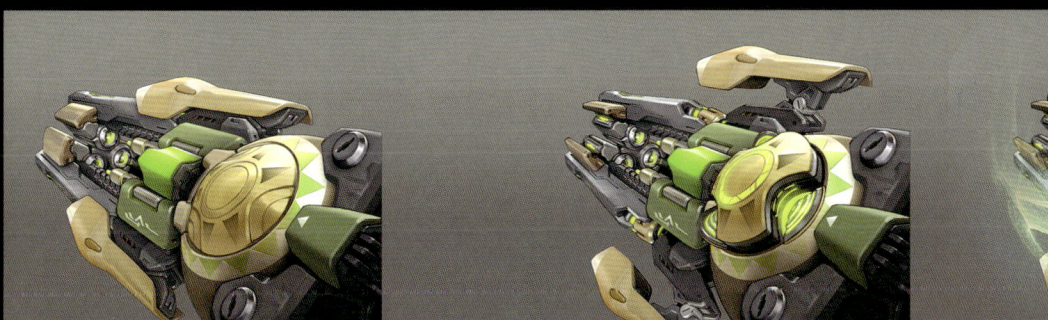
聚变驱动器

聚变驱动器子弹轨迹图

聚变驱动器：站住别动!

本页画作均出自 BEN ZHANG

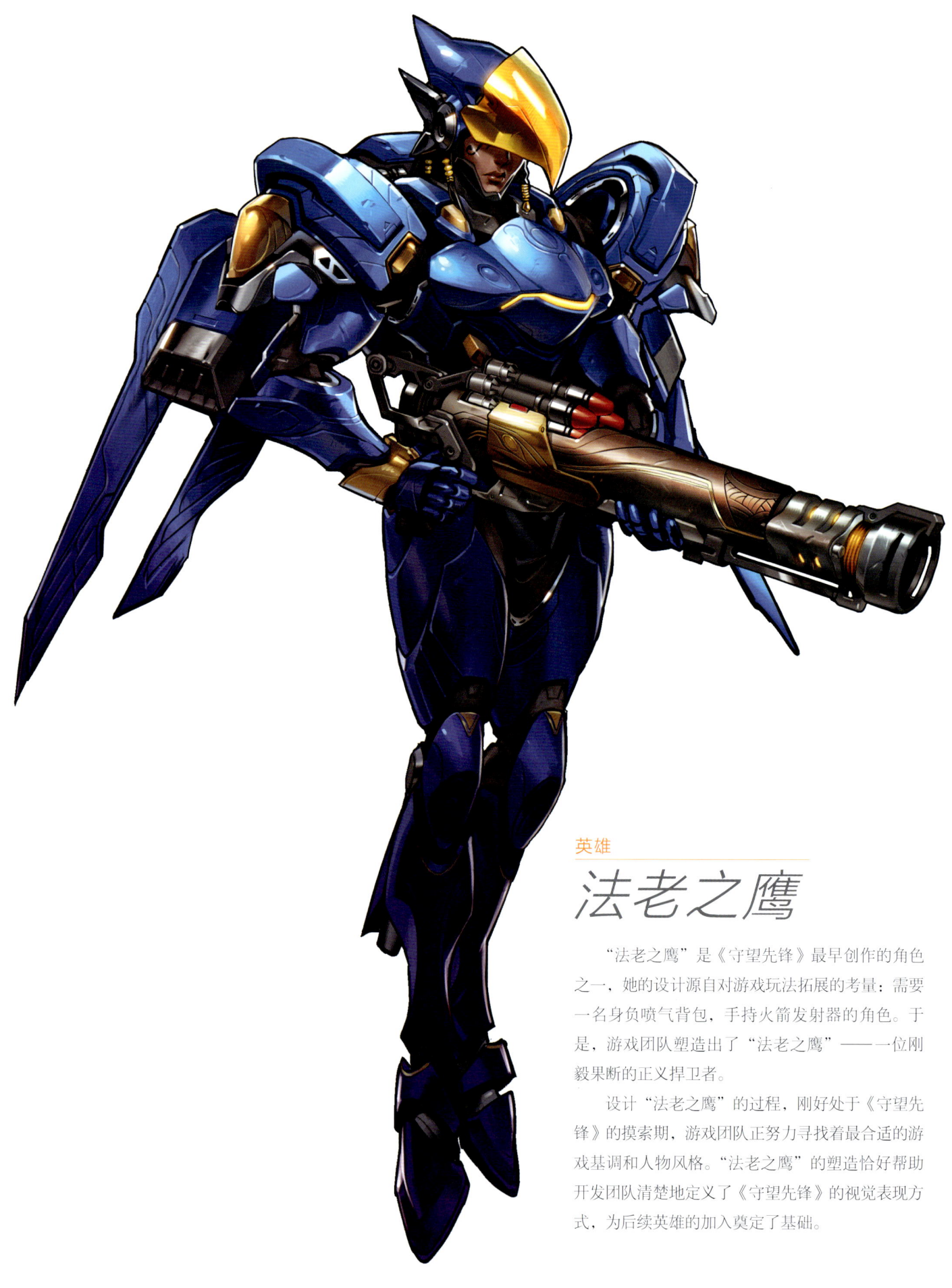

### 英雄
# 法老之鹰

"法老之鹰"是《守望先锋》最早创作的角色之一,她的设计源自对游戏玩法拓展的考量:需要一名身负喷气背包,手持火箭发射器的角色。于是,游戏团队塑造出了"法老之鹰"——一位刚毅果断的正义捍卫者。

设计"法老之鹰"的过程,刚好处于《守望先锋》的摸索期,游戏团队正努力寻找着最合适的游戏基调和人物风格。"法老之鹰"的塑造恰好帮助开发团队清楚地定义了《守望先锋》的视觉表现方式,为后续英雄的加入奠定了基础。

### ▶ 技能设计

有一次，在对终极技能"火箭弹幕"的修改中，设计团队有意地在"法老之鹰"的身后显现出一只巨大的鹰头（如下图示）。但事实上，这个设计带有过多的奇幻色彩，以至于和英雄的外观形象及武器技术格格不入。

尽管，设计师最后还是简化了"法老之鹰"施放终极技能时的视觉效果，然而对《守望先锋》整体设计思路而言，整个构思的过程是无比珍贵和重要的。

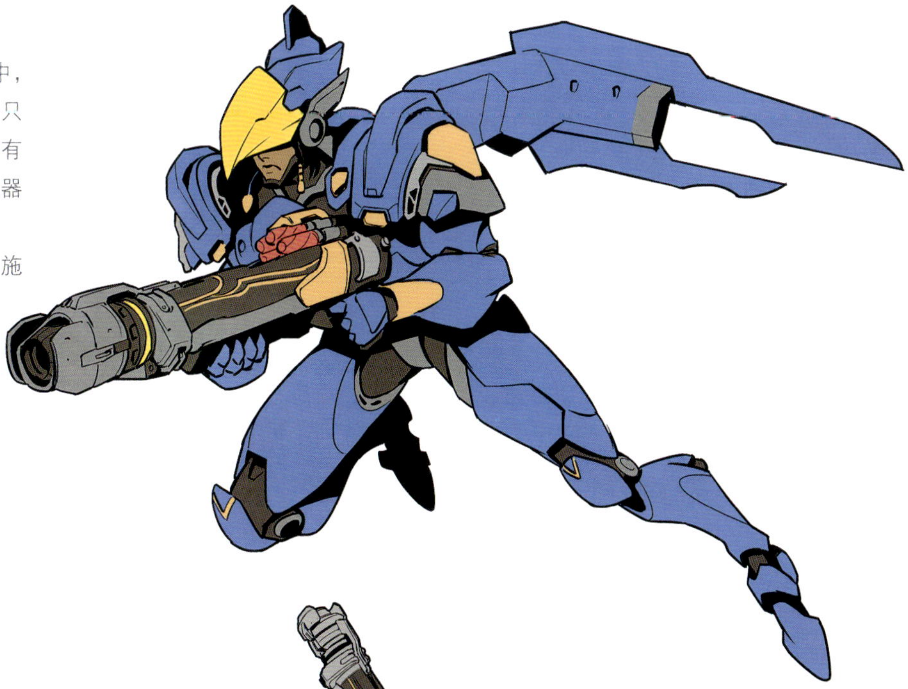

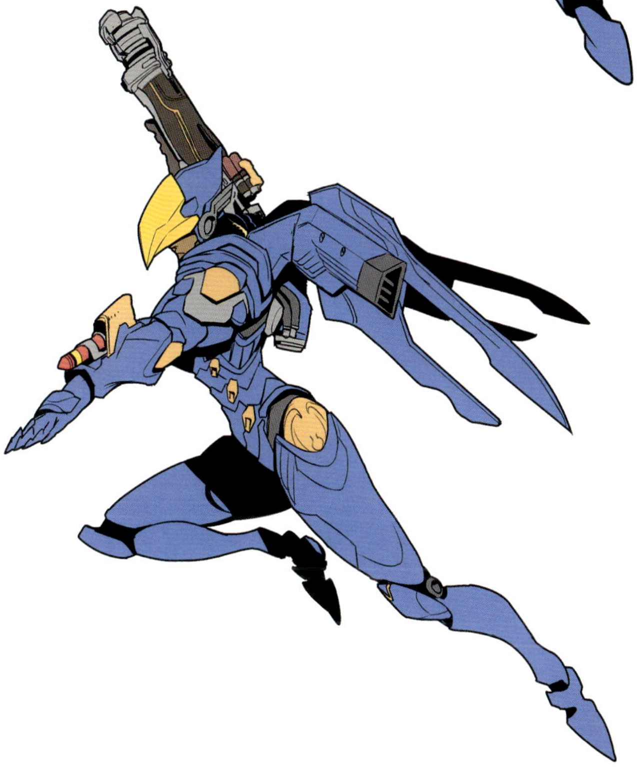

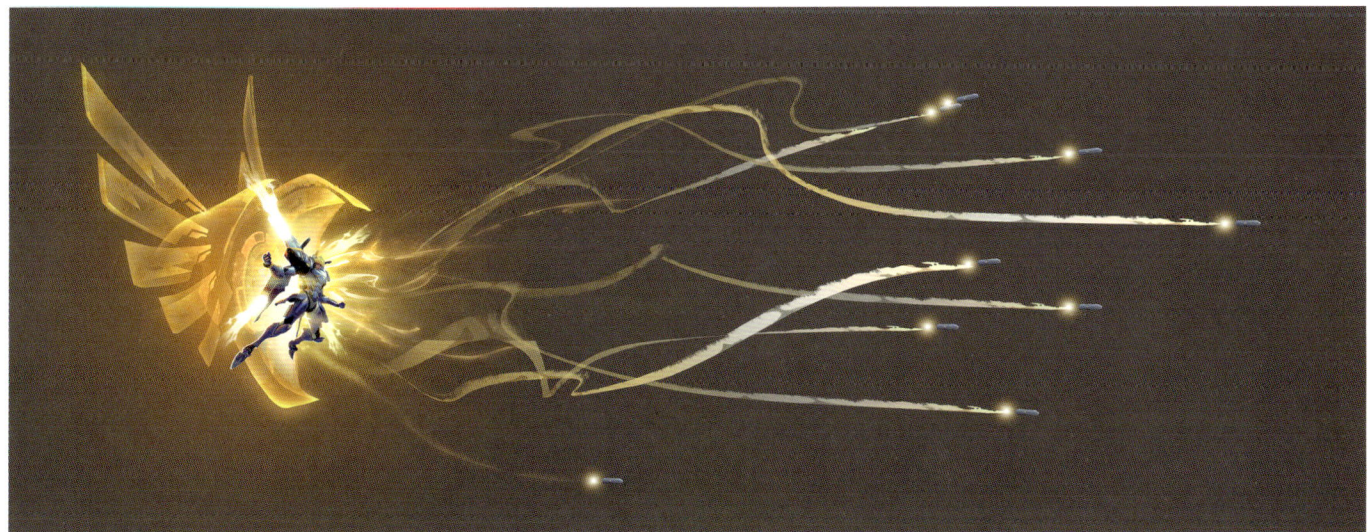

火箭弹幕视觉效果图

下图：BEN ZHANG  其余：ARNOLD TSANG

动作姿态图

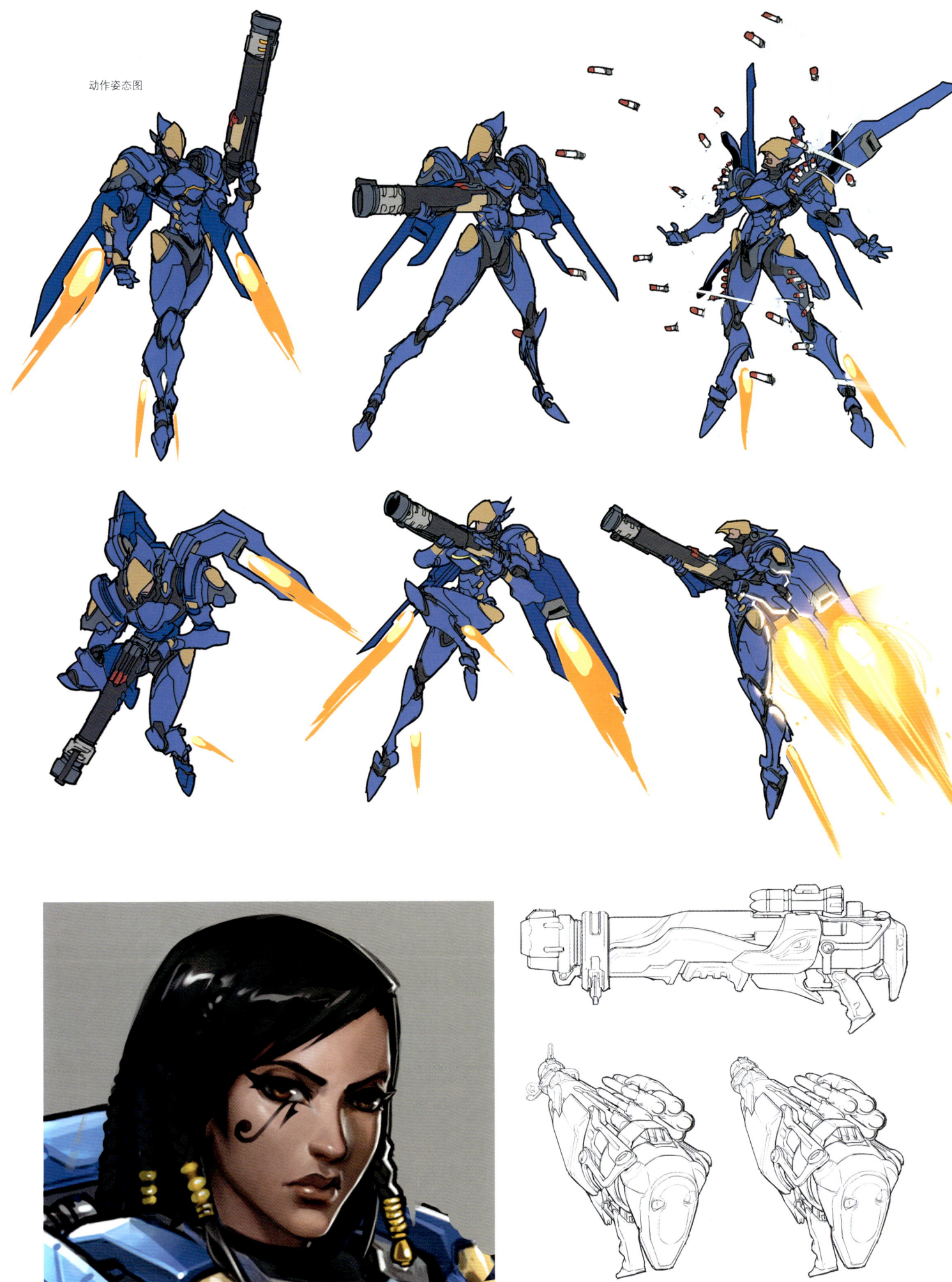

下图：BEN ZHANG  其余：ARNOLD TSANG

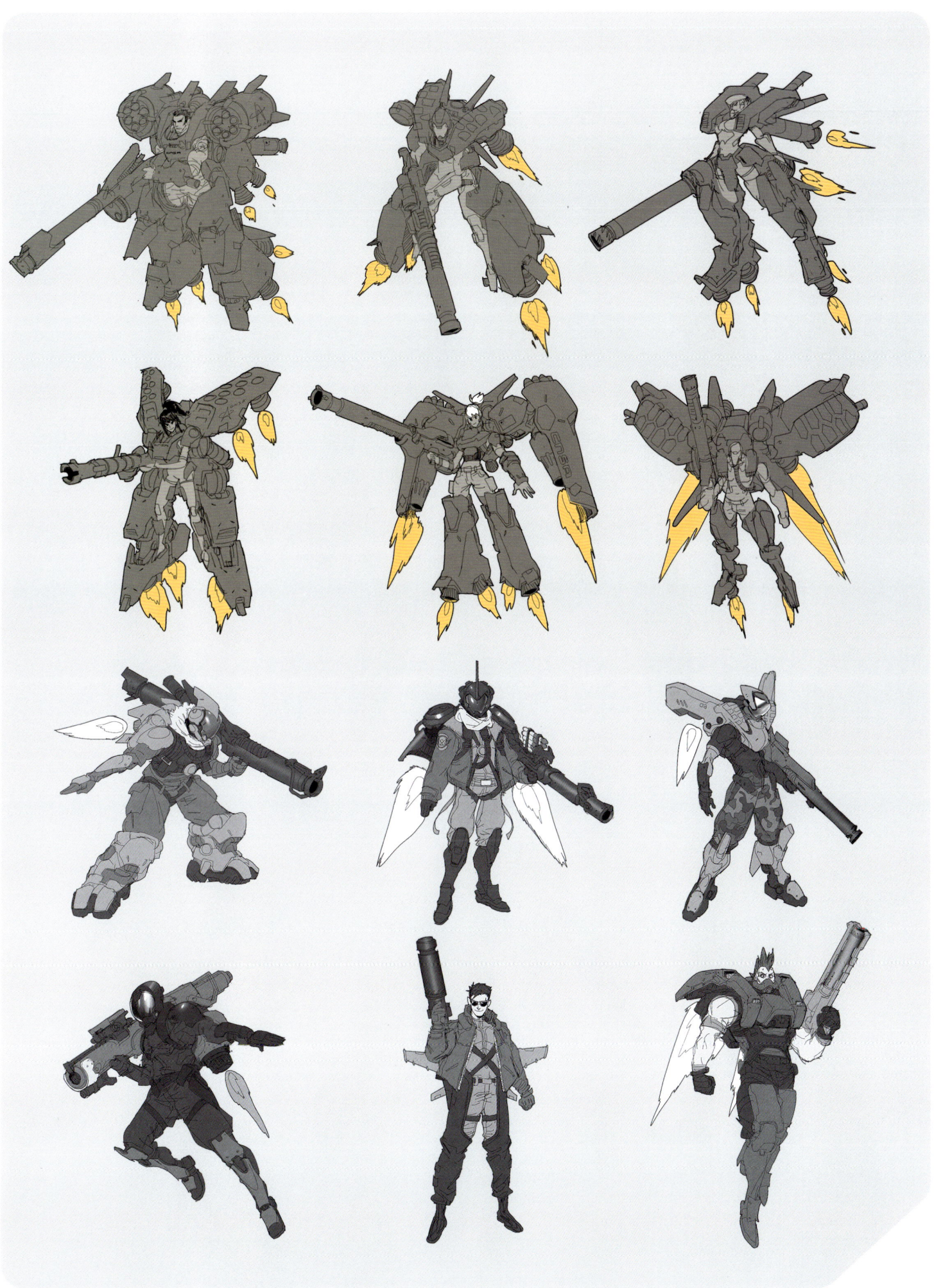

早期构想图

▶ 人物设计

"法老之鹰"最早的形象一设计出来就得到了游戏团队的认可（如左图示），即使是在初始阶段，设计师就已经明确了她应该具有的多种人物特征：超高的机动性，火箭弹发射器和埃及文化元素。然而，当时《守望先锋》尚处于早期开发阶段，游戏团队也希望进一步尝试更具创意的风格设计。

上图：JUSTIN THAVIRAT　其余：ARNOLD TSANG

▶ 人物设计

之后,设计师为"法老之鹰"绘制了各种各样的概念图(如下图示)。有全副武装的机甲,也有战斗机的飞行员,但无论是哪一种都没能满足设计团队的要求:前者给人笨重如坦克的印象,后者缺乏《守望先锋》独有的未来式幻想。

经过多轮的修改,设计人员逐渐把握住了人物的核心(上页下部图示),设计终稿也最终成型。

英雄
# 死神

"死神"是《守望先锋》中的核心反派角色之一，拥有摄人心魄的破坏力，将诡秘的动机与恐怖的力量隐藏在黑暗之中。

设计伊始，《守望先锋》团队希望"死神"能够潜伏于暗影之中，利用潜行迂回包抄，近距离伏击对手。因此，设计师赋予"死神"独特的外观，漆黑的兜帽与衣着，恰如其分地暗示他有着形同幽灵的能力。

画师：ARNOLD TSANG

画师：HAI PHAN

▶ 技能设计

在"死神"的"暗影步"被设计出来之前,游戏团队尝试了多种溜到敌人身后的潜行方式,其中之一是扔出烟幕弹,转移敌人视线,迷惑对手耳目(下页中间图示)。"死神"技能的设计对人物的塑造至关重要,从配色方案、服装细节,再到武器装备、操作技巧,都需要与之相适。

死亡绽放

幽灵形态

本页画作均出自 BEN ZHANG

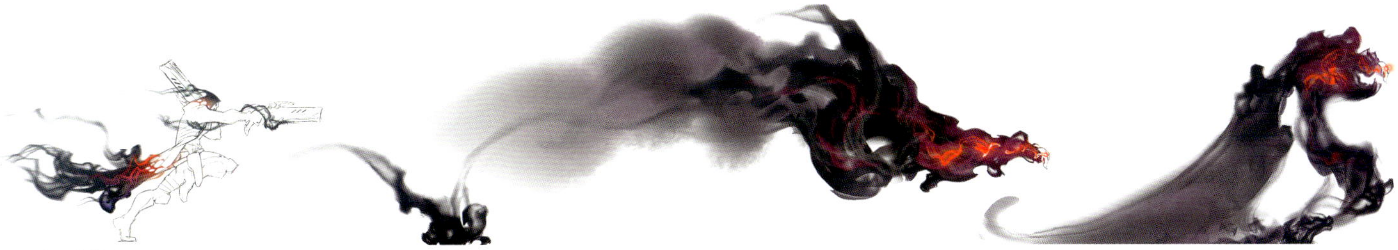

幽灵形态早期构想图

未采用的技能设计图

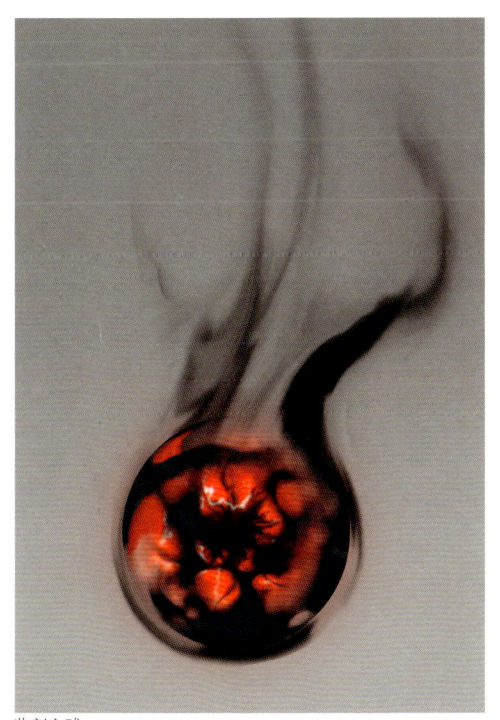

收割之球

复活之球

▶ 技能设计

　　游戏团队曾经为"死神"装备过榴弹发射器，但很快又放弃了这个想法。不过现在的"死神"还是保留了一部分当年设计的影子，包括绑在身上的插满榴弹的弹药皮带。在《守望先锋》的宣传预告片里，"死神"攻击"温斯顿"和"猎空"时使用的还是枪械，所以这些榴弹现在仅仅用作装饰了。

　　在曾经的设置中，还考虑过让"死神"手持两把枪冲锋（如下图示），但是设计团队希望他的武器能更沉重、更慑人，最终霰弹枪成为最佳的选择。

本页画作均出自 ARNOLD TSANG

早期构想图

英雄
# 莱因哈特

"莱因哈特"是《守望先锋》中第一个重装型英雄。游戏团队一直很明确，他们将会设计一个身强体壮、穿着机械铠甲的英雄，但是把概念具象化却是一个难题。

在"莱因哈特"身上，开发人员尝试运用了各种不同的视觉风格，同时也参考了暴雪其他游戏的思路，从《魔兽争霸》里披甲戴盔的圣骑士和《星际争霸》人类的陆战队员身上捕获了灵感。最终，设计人员把"莱因哈特"打造成身披动力装甲、力量胆识过人的英雄。将不同设计元素融合在一起，令人倍感亲切而不落窠臼。

烈焰打击

屏障力场

下图：BEN ZHANG  其余：ARNOLD TSANG

动作姿态图

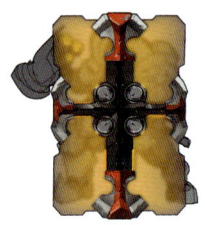

早期构想图

▶ 人物设计

在一个"莱因哈特"的早期设计方案中，设计团队渴望追求浓郁的非洲风格，设计稿被命名为"角马"，糅合了各种土著部落图案。

早期构想图

本页画作均出自 ARNOLD TSANG

英雄
# 路霸

在游戏开发的早期,就有了这个残暴拾荒者的设计雏形,只是其具体的形象没有完全定下来,直到英雄"狂鼠"的出现。

设计"狂鼠"(来自澳大利亚内陆的拾荒者)的过程,很大程度上帮助游戏团队找准了"路霸"的新定位。这两个英雄虽个性迥然,却都疯狂野蛮、冷酷无情,于是设计师将两人组合在一起,成为横行世界、烧杀劫掠的犯罪二人组。

画师:ARNOLD TSANG

### ▶ 武器设计

游戏团队曾尝试给"路霸"装备两把武器：一把是其常用的爆裂枪，另一把枪在施放终极技能"鸡飞狗跳"时才会掏出来。随后设计师简化了这个想法，抛弃了第二把枪，取而代之的是"路霸"施放技能时会在爆裂枪顶端插装上一个特殊的弹药装填器。

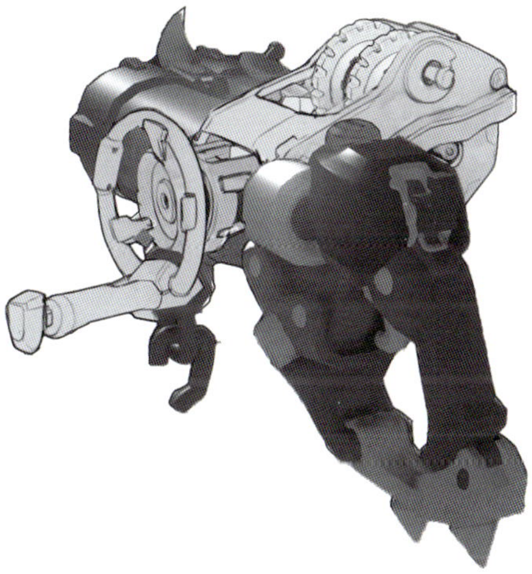

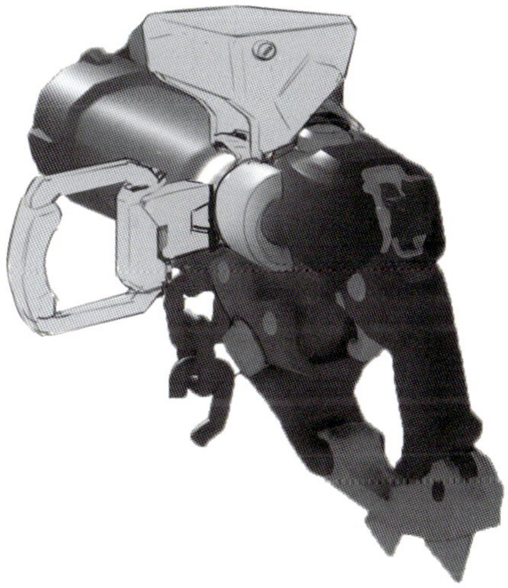

本页画作均出自 BEN ZHANG

▶ 人物设计

在这些设计图中,"路霸"的皮肤呈绿色,这是因为"路霸"的家园(澳大利亚内陆)被辐射污染,自己的身体也发生了异变。

"路霸"肚皮文身的设计图

呼吸器

早期构想图

本页画作均出自 ARNOLD TSANG

英雄
# 士兵：76

　　"士兵：76"的原型设计大不同于《守望先锋》的其他英雄设计。游戏团队希望"士兵：76"这个角色能在游戏中发挥两个关键的作用：其一，塑造经典的士兵形象，让习惯了传统的第一人称射击游戏的玩家获得熟悉的体验；其二，通过独特的身份，叙述《守望先锋》世界的背景故事。

　　克里斯·梅森，暴雪创意部门的高级副总监亦《守望先锋》的创想者之一，提出了一个方案。在此之前，他独自创作过一个名为"士兵：76"的人物，无论游戏性还是身世背景都与开发团队的要求极其吻合。设计团队随即将"士兵：76"融入到《守望先锋》的世界中来。

　　"士兵：76"的身世是一个悲伤的故事。他的前半生名叫杰克·莫里森，曾任守望先锋的高级指挥官，当守望先锋分崩离析之后，他成了人们口中相传名为"士兵：76"的蒙面义士。"士兵：76"的一生是《守望先锋》故事设定的核心，因此在游戏中良好地塑造这个角色，既是对游戏世界的拓展，又能给玩家带来真实的带入感。

早期构想图

本页画作均出自 ARNOLD TSANG

▶ 人物设计

在《守望先锋》出现之前很多年,克里斯·梅森就创作了"士兵:76"的人物形象和故事背景。《守望先锋》开发团队承袭了梅森的设计理念,同时也做了许多的改进。其中最显著的修改是针对角色使用的装备,添加了许多高科技元素,使其更契合游戏整体的世界观。

在接下来的设计稿中,设计师绘出了"士兵:76"的脸部样貌(如上页图)。但为确保人物形象与个性相适,露脸的造型没有被保留下来。因为在故事中,"士兵:76"是一位踪迹难觅的行侠义士,必须时刻隐藏自己的真实身份,于是设计师为其增添了蒙脸的面具,这不光成了"士兵:76"的独特标志,还将作为其施放终极技能"战术目镜"的重要组件。

本页画作均出自克里斯·梅森

英雄
# 黑影

　　从最初的设计稿到游戏里正式的形象，英雄"黑影"发生了从头到脚的彻底改变。起初这个角色的名字叫作"万玲刃"，一位街头时装打扮、善使匕首和飞刀的日本女性。她的每一把飞刀都能起到不同的作用，例如侦测出敌人在地图上的位置。

　　随着《守望先锋》开发的深入，游戏团队把这些技能赋予其他的英雄，比如"半藏"和"源氏"。"万玲刃"的设计被搁置下了，但这只是暂时的。

　　之后，开发团队重新审视设计原型，给了她全新的身份：一位行踪诡异、声名狼藉的墨西哥黑客，代号"黑影"。在抛弃了匕首之后，她拥有了尖端的科技能力，能够操纵任何东西，甚至是人。

动作姿态图

早期构想图

下图：ARNOLD TSANG　其余：BEN ZHANG

表情组图

▶ 人物设计

"黑影"的墨西哥背景是在对设计原稿做二次修改时添加上去的（上一页下部中间图示），人物灵感源自流传于墨西哥的阿兹特克神话。尽管第二版的设计令团队惊喜不已，但还是与原有的英雄存在过多的雷同。

在第三版设计中，"黑影"的外观得到了大幅修改（上一页下部右图示），掌心延伸出能量线，以展现其高超的黑客技能，同时，整体的服饰也被替换成便于潜行的风格样式。

唯一不足的是，第三版的"黑影"与英雄安娜非常像。随后，"黑影"的披肩被拿掉，外衣的下摆也尽可能地缩短，体现出独特的形象魅力。

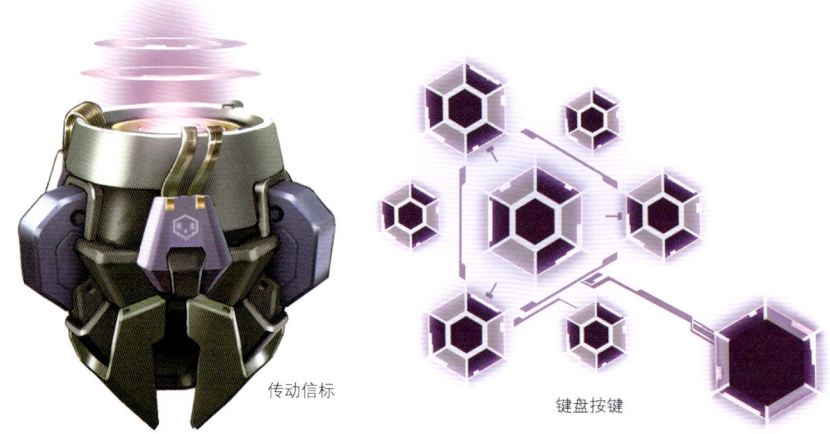

传动信标　　　　　键盘按键

本页画作均出自 BEN ZHANG

画师：JOHN POLIDORA  暴雪2016年重点艺术图

英雄
# 秩序之光

在游戏的开发过程中，设计团队希望把奇幻世界里的巫师融入《守望先锋》的科幻风格设定中去。于是，名为"机械巫师"的角色被创造出来，本质上与运用魔法的法师无异，通过高科技手段凭空召唤出目标物体。游戏团队绘制了许多早期的设计图，经多次修改，天才建筑师"秩序之光"跃然纸上。

"秩序之光"最终的视觉设计一定程度上实现了游戏团队的初衷——将巫师这个职业融入《守望先锋》的世界，比如长袍风格的着装和控制高强度光束以扭曲现实的能力。

画师：ARNOLD TSANG

### ▶ 武器设计

在"秩序之光"开发的早期,设计师思索着该如何表现角色装填"光子发射器"的动作。他们设计了一组盛装能量的球形容器,角色可以自如地将其移除或装填进武器中。选择球形,是基于"秩序之光"的另一项技能"哨兵炮"的循环设计,旨在统一她的技能风格与武器风格。最终,游戏团队舍弃了这种装弹的方式,但保留了球形的弹药容器设计,这可以从武器的侧面清晰地辨识出来。

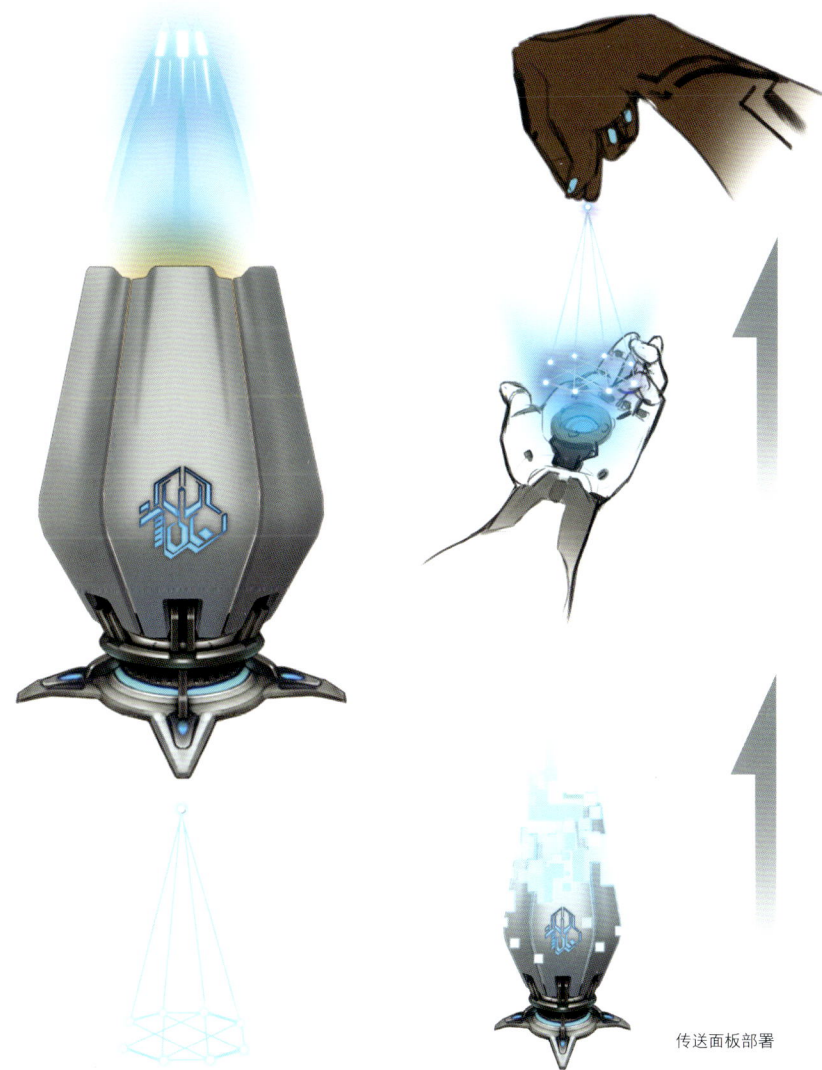

传送面板部署

上图:ROMAN KENNEY 下图:BEN ZHANG

▶ 人物设计

"秩序之光"早期设计（如右图示）与最终版本之间的一个显著区别就是护目镜。游戏团队原本设想角色佩戴着全罩头盔，以让她获得具有增强现实效果的视野。但为了展示人物的面部特征，头盔被改换成透明的护目镜。

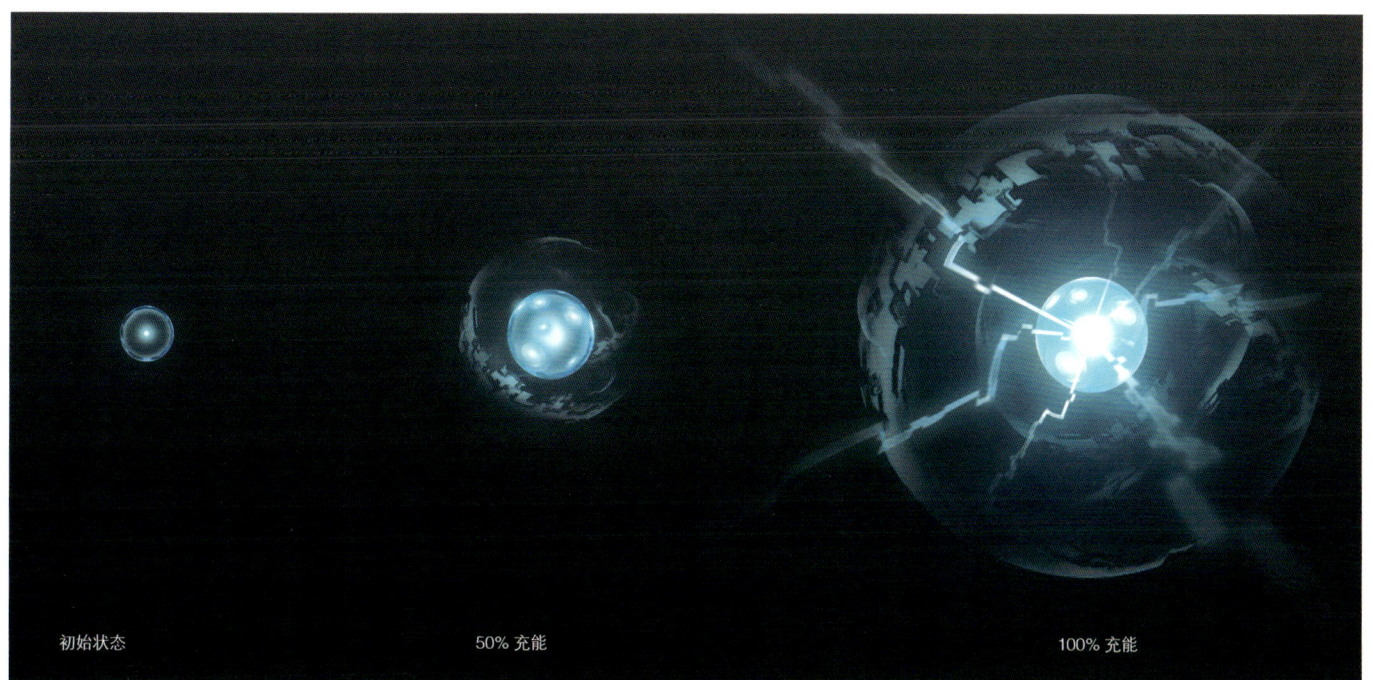

初始状态　　　　　　　　　　50% 充能　　　　　　　　　　100% 充能

光子发射器火力等级变化

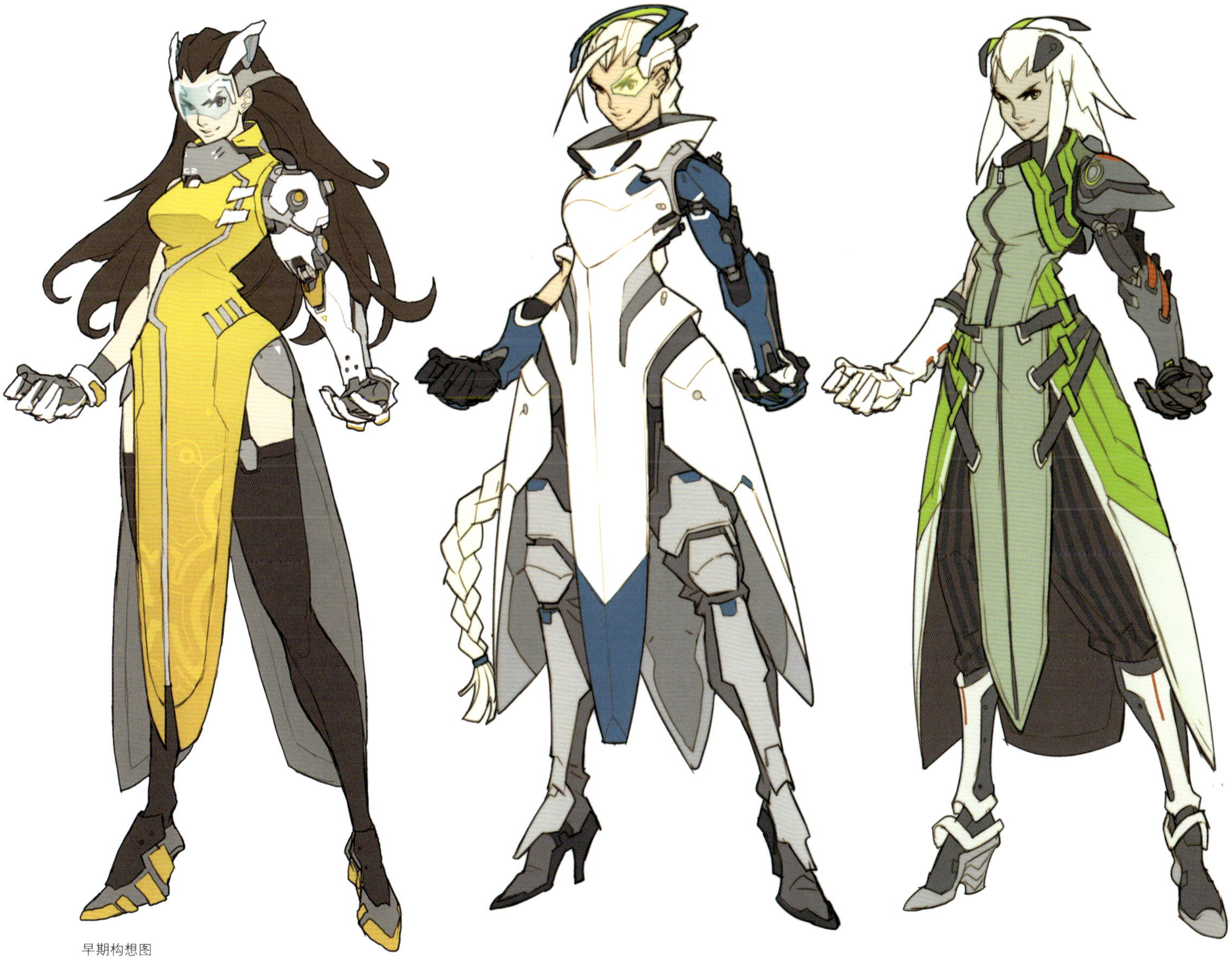

早期构想图

上图：BEN ZHANG　其余：ARNOLD TSANG

英雄
# 托比昂

对《守望先锋》开发团队而言,塑造天才的发明家、卓越的工程师"托比昂"是一次彰显游戏独特美术风格的机会。由于"托比昂"是《守望先锋》中极为特别的英雄,应当赋予这个角色怎样的设计才不会显得过于突兀?这是在设计时,众多需要考虑的问题之一。

本页画作均出自 ARNOLD TSANG

背包

护甲包

### ▶ 人物设计

"托比昂"的终极技能"熔火核心"能够提高自身的射击速度，同时可以建造更强大的炮台。游戏团队希望"托比昂"拥有尽可能极致的变身效果，不光是为了增强游戏的操作感，更是强调一种奇幻的体验：这位专精于技术的英雄简直就是一个活生生的行走军火库！

上图：BEN ZHANG  其余：ARNOLD TSANG

早期技能构想图

### ▶ 技能设计

一个"托比昂"早期的技能设计是设置一个陷阱,陷阱装置能够发射锁链钩住路过的敌方英雄,使其被限制在锁链长度以内的区域中。这是一个毁誉参半的技能。最终,设计人员舍弃了这个方案,改换成现在的"护甲包"。

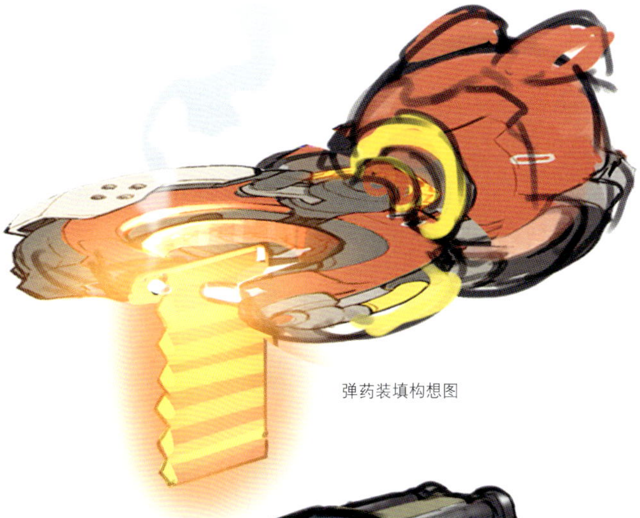

弹药装填构想图

早期铆钉枪设计图

左下图：ARNOLD TSANG  其余：BEN ZHANG

## ▶ 人物设计

早期设计里的"托比昂"(如右图示)周身的护甲闪烁着蓝色的能量线,身材修长匀称。为了沿承暴雪美术的风格,设计人员做了许多关键性调整,不但压缩了人物的身形比例,绘制了矮小而健壮的躯体,还把能量光线的颜色换成炽热的火红色,使其更贴近矮人铁匠的经典原型。

画师:RENAUD GALAND 和 ARNOLD TSANG

## 英雄
# 猎空

可以穿越时间的英雄"猎空"是《守望先锋》团队创作的第一个角色。在对她的设计过程中问题重重——有些是游戏技术难题,有些则是美术风格问题。随着开发工作的推进,游戏团队将"猎空"塑造成一位朝气蓬勃的英雄,是《守望先锋》未来世界中希望与乐观精神的化身。

本页画作均出自 ARNOLD TSANG

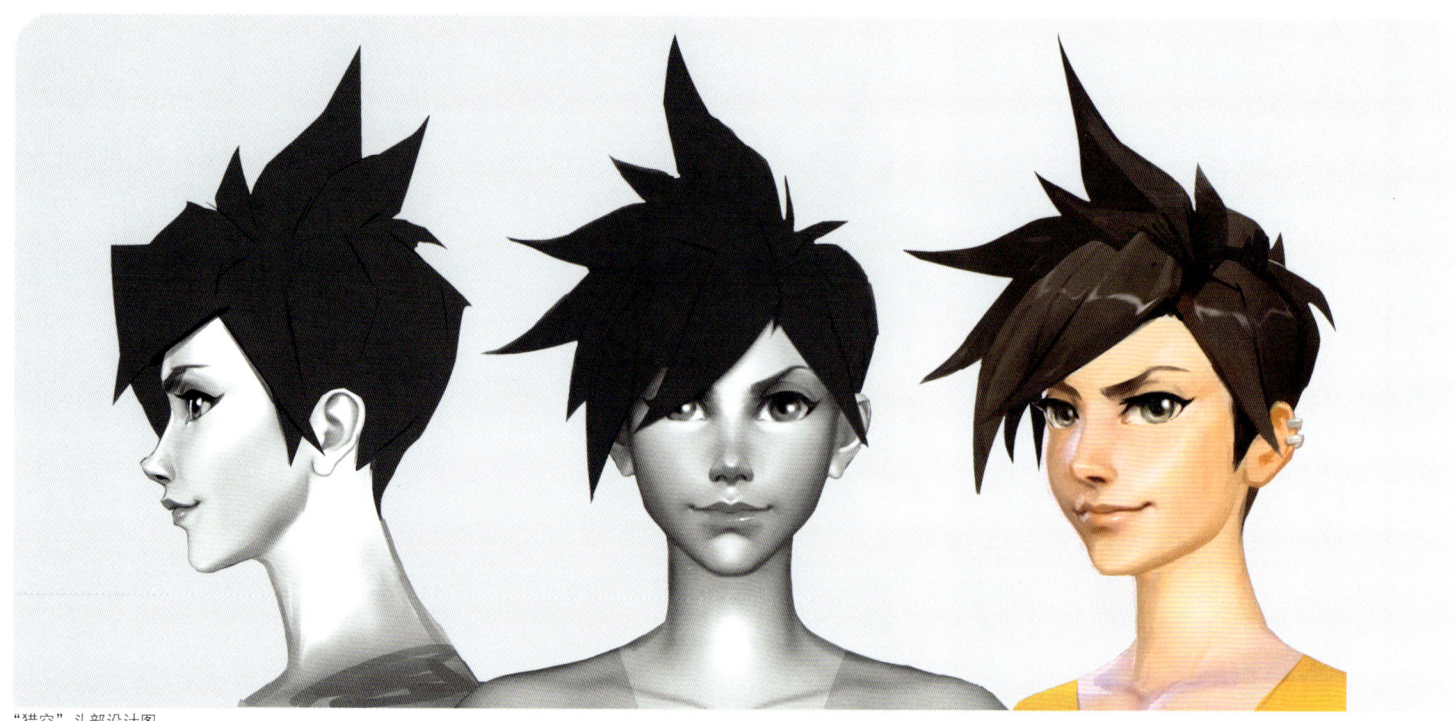

"猎空"头部设计图

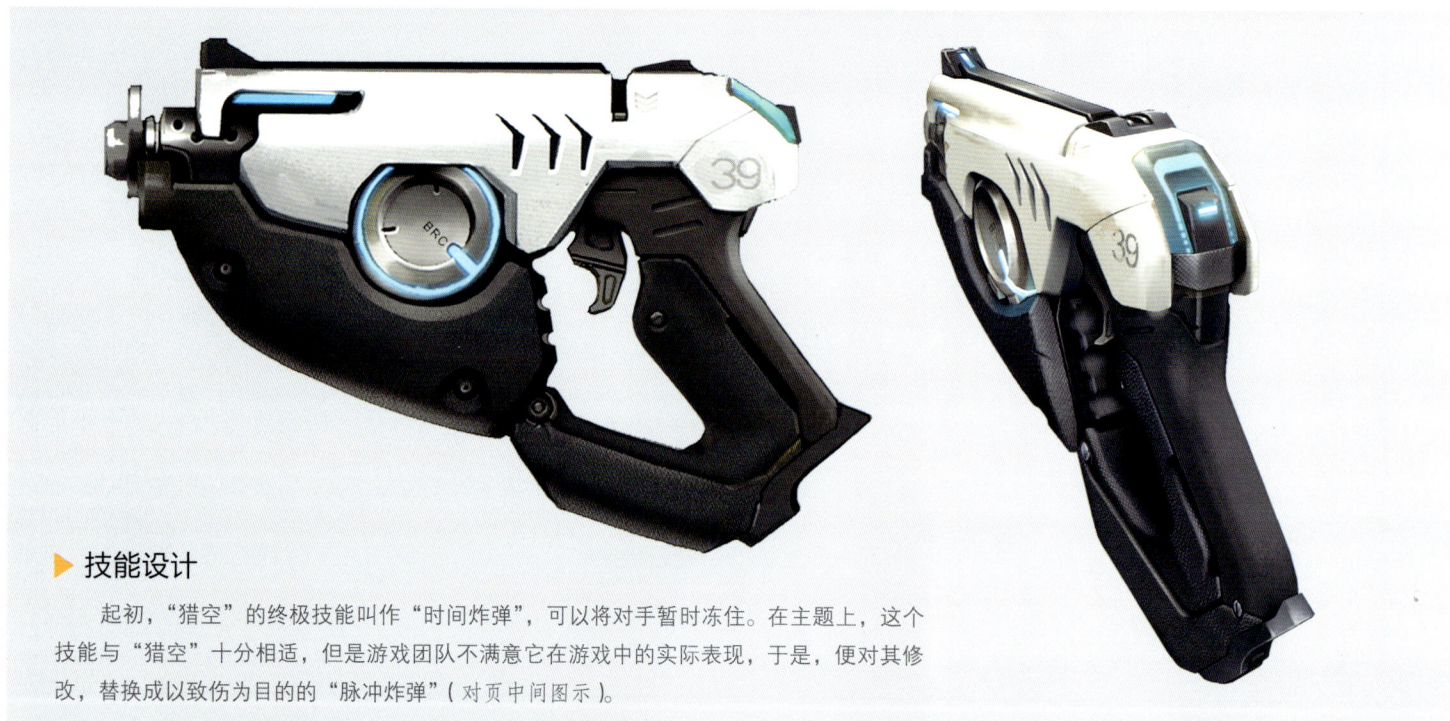

### ▶ 技能设计

起初,"猎空"的终极技能叫作"时间炸弹",可以将对手暂时冻住。在主题上,这个技能与"猎空"十分相适,但是游戏团队不满意它在游戏中的实际表现,于是,便对其修改,替换成以致伤为目的的"脉冲炸弹"(对页中间图示)。

脉冲手枪装填视觉效果图

上图:ARNOLD TSANG  中图:ARNOLD TSANG 和 BEN ZHANG  下图:BEN ZHANG

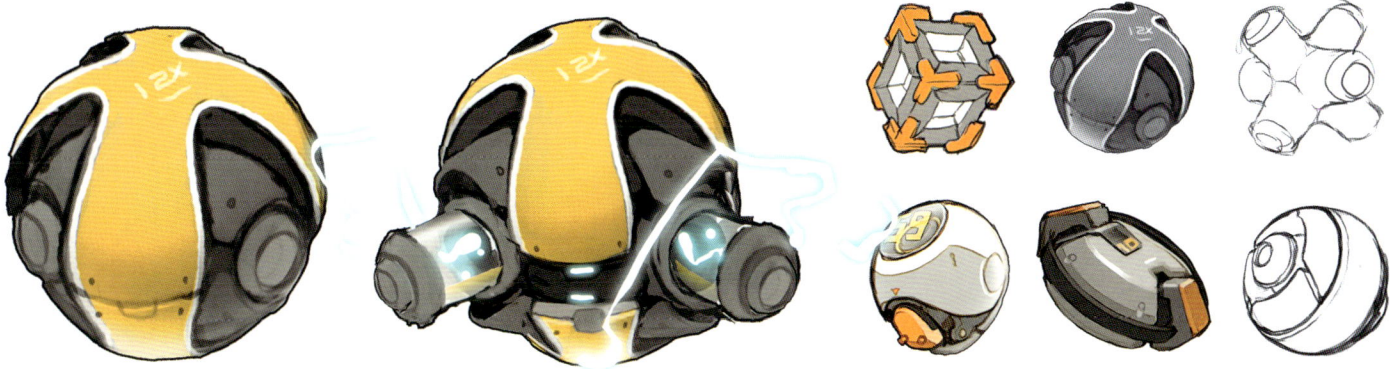

脉冲炸弹构想图

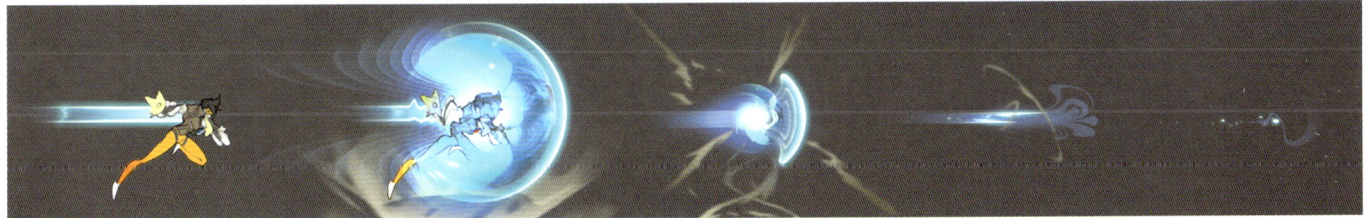

脉冲炸弹视觉效果图

闪回视觉效果图

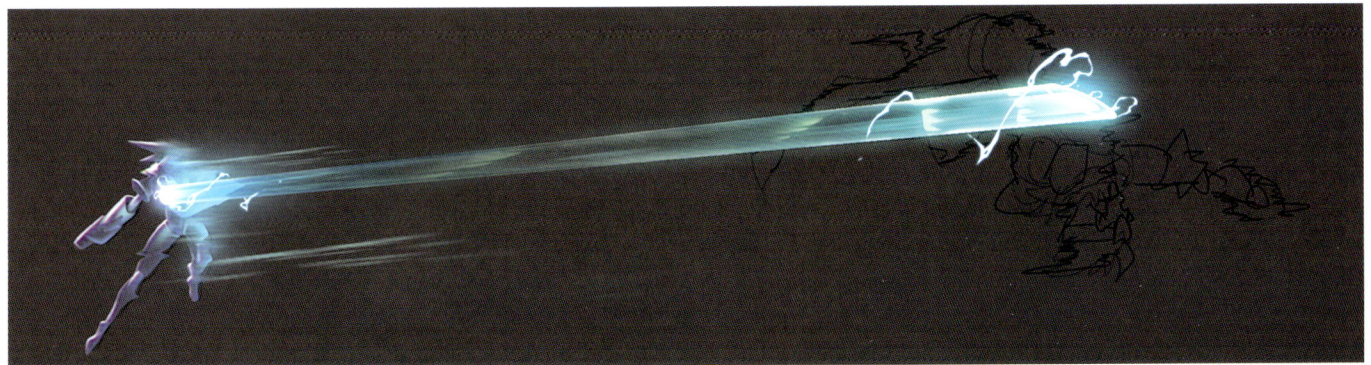

闪现视觉效果图

上图：ARNOLD TSANG　其余：BEN ZHANG

### ▶ 人物与武器的设计

武器可以视为人物性格和操作方式的延伸。针对"猎空",游戏团队为其量身打造了两把形态小巧、射速惊人的手枪,以匹配她迅捷的移动速度和灵活的机动能力。

本页画作均出自 ARNOLD TSANG

画师：JUSTIN THAVIRAT

## ▶ 人物设计

游戏团队赋予了"猎空"完整的身世背景。她是一名原型战机的试飞员，这样的设定为其早期的形象设计提供了许多灵感，例如飞行员夹克、围巾和护目镜等要素（如上页图示）。

其中的一些设计细节还基于游戏性的考量，比如当"猎空"利用"闪现"技能快速移动时，她的长围巾就会成为对手追踪的目标。虽然，围巾的设计最终被移除了，但"猎空"的瞬移还是会留下足以捕捉的能量轨迹。

## 英雄
# 黑百合

　　《守望先锋》开发团队一直渴望创作这样一个远程狙击型角色。唯一不明确的是，哪种类型更为合适。人类还是机器人？正面人物还是反派角色？

　　开发人员从《魔兽争霸》的标志性角色希尔瓦娜斯·风行者身上汲取灵感，决定塑造《守望先锋》世界中的暗影杀手。她的名字叫"黑百合"，一名冷血果断的刺客，绝不感情用事。

本页画作均出自 ARNOLD TSANG

狙击模式　　步枪模式

早期构想图

本页画作均出自 ARNOLD TSANG

### ▶ 人物设计

在设计"黑百合"时,游戏团队希望其佩戴着某种光学科技装备。在早期的设计稿中,设计人员绘制了多个红色的"虫眼"以突出这种感觉。开发团队还曾尝试着突出虫眼的设计(如上页图示),之后这部分细节被修改得更为精细,且具有昆虫般的质感(如下图示)。血红色的目镜把蜘蛛的形象深深地印在设计师的脑海里,随后的设计则融入了更多其他的感观元素(第117页图示的文身),进一步强调了蜘蛛形的视觉风格。

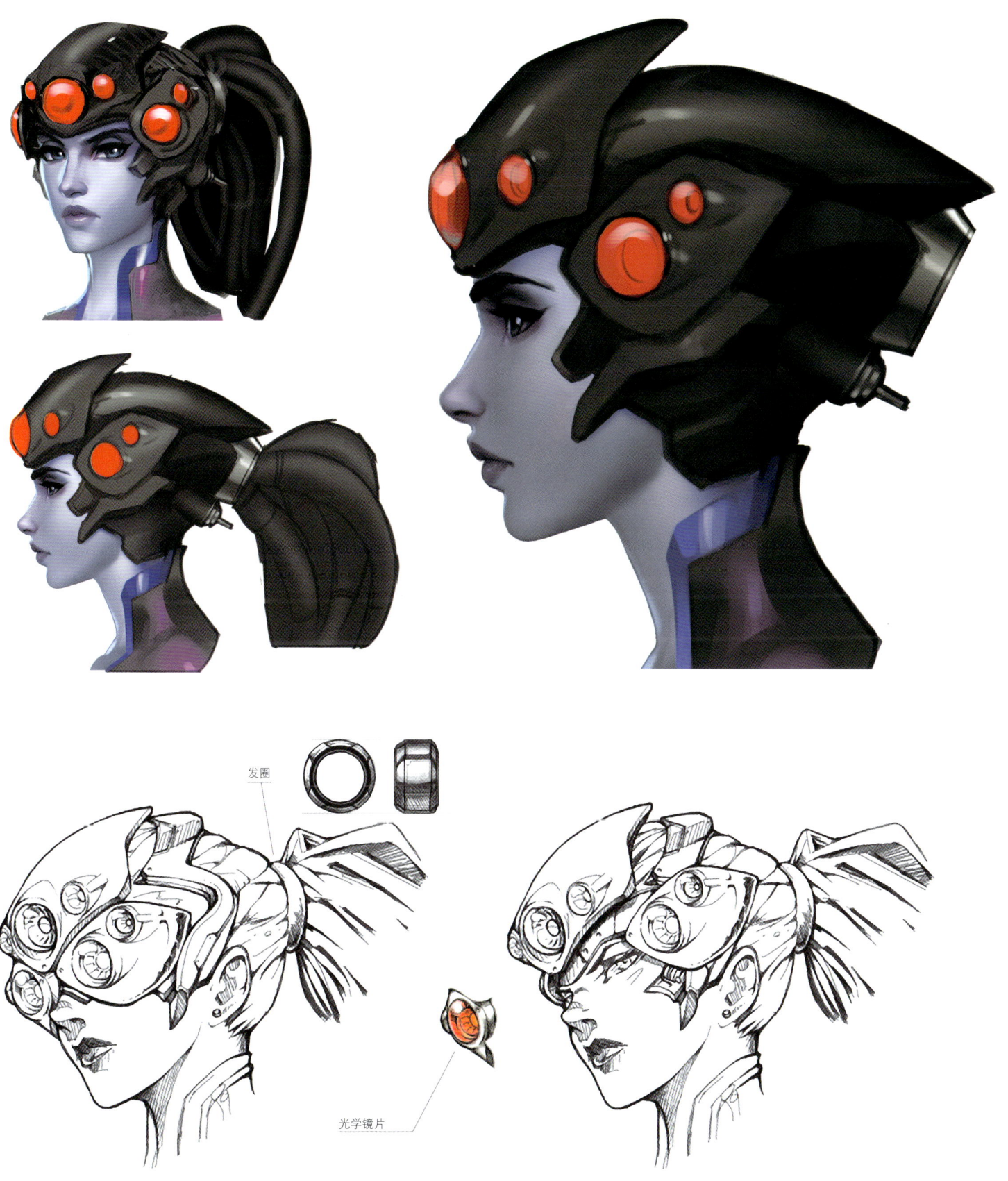

发圈

光学镜片

上图:ARNOLD TSANG  下图:ROMAN KENNEY

动作姿态图

本页画作均出自 ARNOLD TSANG

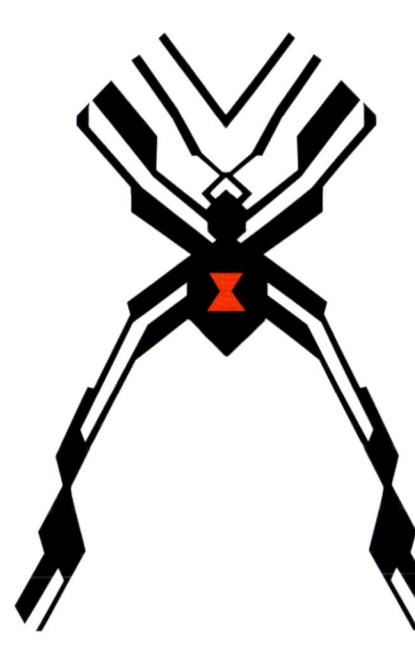

▶ 文身设计

"黑百合"手臂的文身源自一则法国谚语的下半句,翻译过来的意思是"夜晚的蜘蛛,希望将至"。然而,为了契合人物冷酷的性格,设计师改动了几个词,变成了"夜晚的蜘蛛,梦魇降临"。

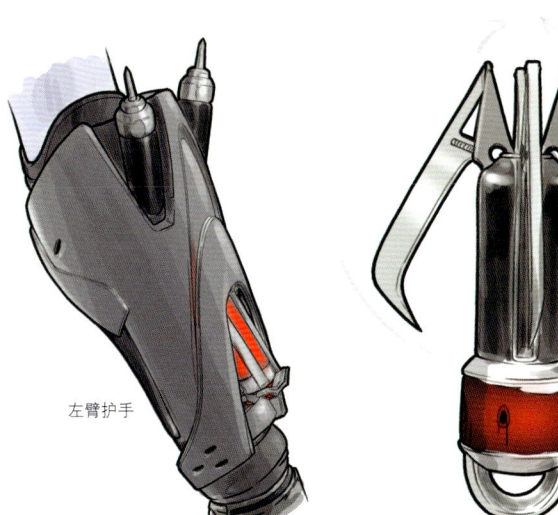
左臂护手

抓钩

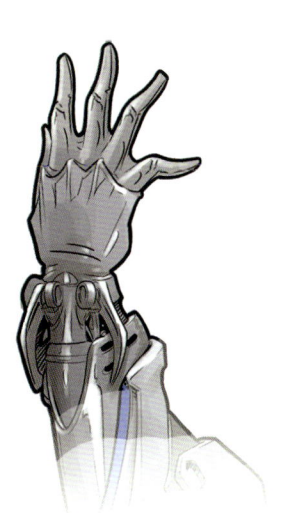

上图:BEN ZHANG 中图:ARNOLD TSANG 下图:ROMAN KENNEY

英雄
# 温斯顿

　　开发人员究竟能为《守望先锋》创造出多特别的英雄呢？在设计许多独特的角色时，游戏团队也一直在自问这个问题，尤其是在面对拥有高等智慧并被基因改造的大猩猩"温斯顿"的时候。

　　设计"温斯顿"的过程给游戏团队上了一堂重要的课，改变了设计师们对人物与游戏世界的认知：在《守望先锋》的世界中，独一无二的、非人类的游戏角色是可以被接纳认可的，这恰恰也体现了游戏的主旨——英雄主义精神和光明美好的未来。

本页画作均出自 ARNOLD TSANG

原始暴怒

▶ 幼年"温斯顿"的设计

在动画短片《归来》中,暴雪的创意部门别开生面地描绘了"温斯顿"小时候的模样。为了能让观众把"温斯顿"幼年的形象与成年的形象联系在一起,设计师在小"温斯顿"身上加入了许多成年形象具有的视觉特征,包括金属护额、衣服的配色,还有"地平线"月球殖民地图标。

画师:ARNOLD TSANG 和 MATHIAS VERHASSELT

## ▶ 动作设计

由于"温斯顿"必须具有大猩猩的行动体态并且手持巨型武器,所以对其动作设计的问题不小。仅仅是调整"温斯顿"施放终极技能"原始暴怒"时的姿态,就需要极度繁复细致的设计工作。相比于直接替换变身之后的角色模型,设计团队选择在原先身形的基础上增加拉伸延展的细节,尽管这带来了大量的技术难题,但却保证了"温斯顿"在普通形态和暴怒形态间的无缝衔接。

上图:MATT TAYLOR 左下图:BEN ZHANG 右下图:ARNOLD TSANG

英雄
# 查莉娅

　　游戏团队早在决定"查莉娅"的作战方式之前，就已经确定了她的人物形象——著名的俄罗斯女运动员，亦是战争英雄。

　　从视觉的角度来看，开发团队希望设计一个身体健硕的女性角色。"查莉娅"形象的灵感来自举重运动员，体育主题则贯穿了她的身世背景和人物设计。肩膀上的数字文身"512"是指她保持的举重世界纪录：512 公斤。

低能量光束

高能量光束

粒子屏障

粒子炮上的贴画

本页画作均出自 ARNOLD TSANG

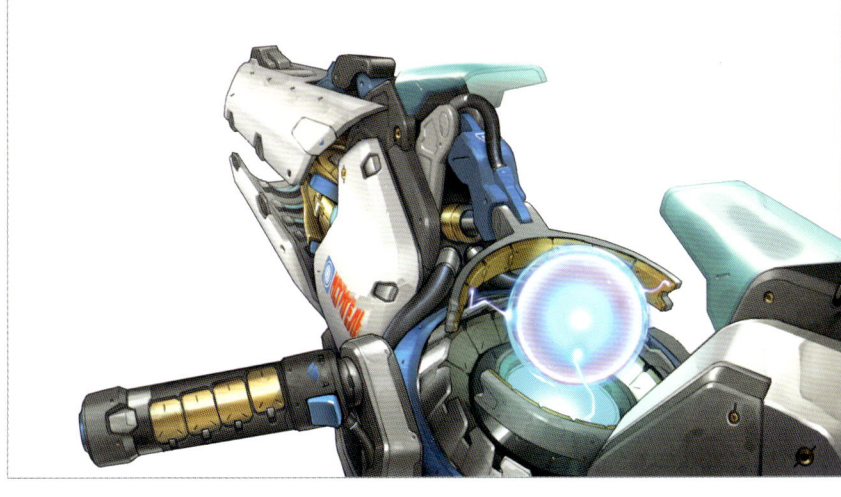

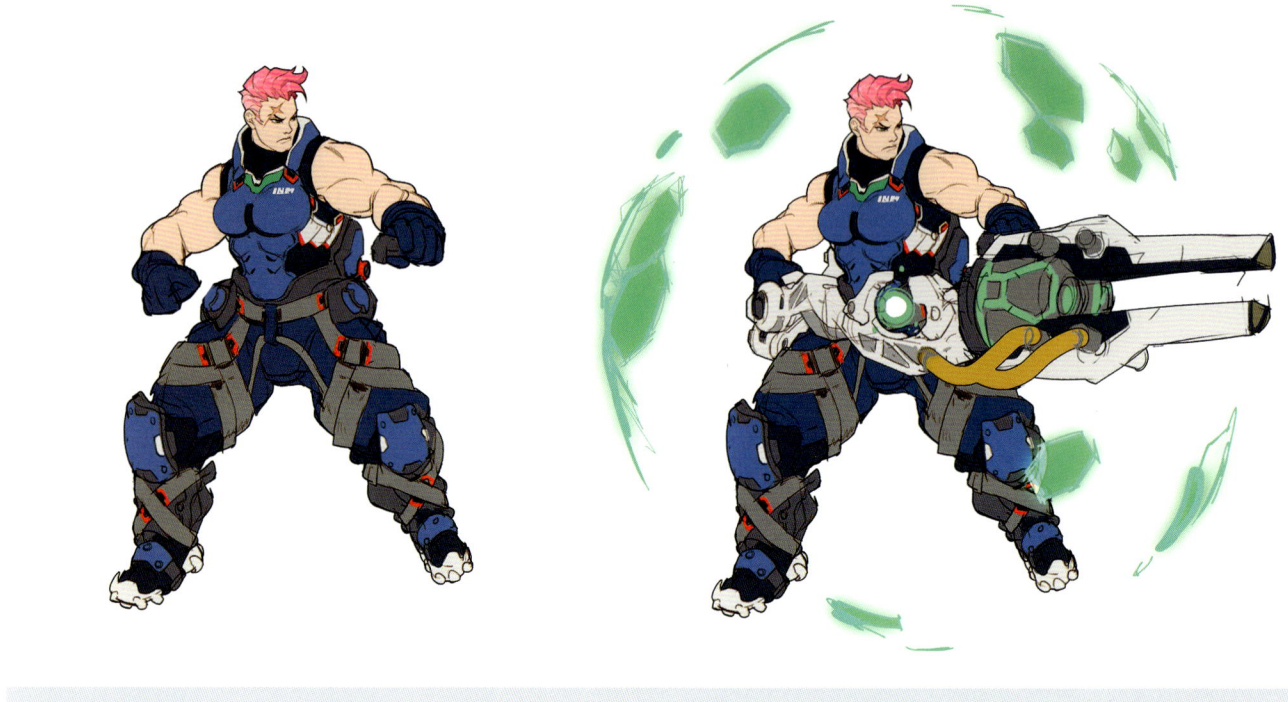

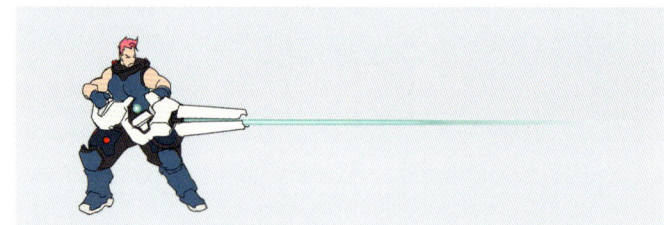
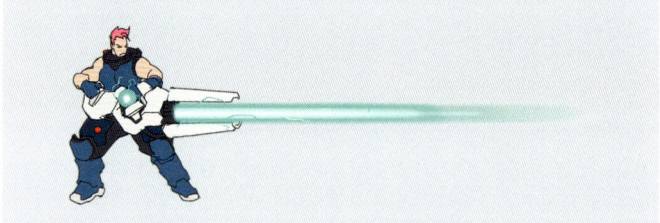

早期的技能设计图

▶ 人物设计

"查莉娅"所有施放的技能都来自她手中的巨枪,游戏团队并不希望人物的魅力被武器所掩盖,于是开发人员把"查莉娅"设计成了武器的一部分。

"查莉娅"手套上的接触垫(如下图示)把她与"粒子炮"连接在一起,使自己的身体成了构成能量回路的导管。正是因为拥有惊人的体能和非凡的毅力,才使得"查莉娅"能够驾驭"粒子炮"超凡的力量。

背包

本页画作均出自 ARNOLD TSANG

英雄
# 禅雅塔

　　与"查莉娅"相似,英雄"禅雅塔"也是通过纯粹的概念提炼设计出来的。"机械僧侣"最开始只是设计师们的一个想法。在早期的设计图中,"禅雅塔"被描绘成体型健壮的智能机械(第128页左图示),但是游戏团队认为与现有的英雄雷同。

　　在随后的修改里,"禅雅塔"从武术家变成了悟道者(下页上部图示),并且拥有悬浮空中的能力,这与其他的英雄截然不同。

### ▶ 人物设计

最初设计的"禅雅塔"有许多手臂。在最终版里,设计师缩减了肢体的数量,不过当"禅雅塔"施放终极技能"圣"的时候(第129页右下图示),依然可以看到额外的六条手臂以全息影像的形式显现。

本页画作均出自 ARNOLD TSANG

本页画作均出自 ARNOLD TSANG

▶ 技能设计

在最初的设计中,"禅雅塔"的法球是物理形态,射击敌人时会发射出去。除了装填弹药会很麻烦外,还带来了一些技术上的问题。于是设计人员调整了技能,改为只发射球形的能量弹。下方这些设计图能够帮助设计团队准确把握"禅雅塔"的攻击方式。

禅法球

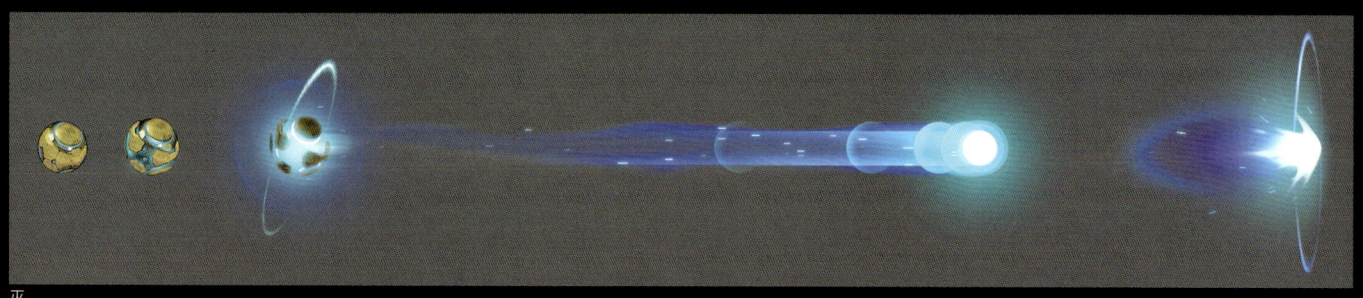

灭

谐

乱

圣

## 英雄
# 其他

除了设计可操控的英雄人物，开发人员也创作了其他的智能机械来丰富游戏的体验，比如训练模式中的机器人，还有在"万圣夜惊魂"和"国王行动"这样特别活动中出现的机械。这些附属设计同样遵循严格的美术原则，力求细节精致。

"国王行动"给了游戏团队一个宝贵的机会，让后者得以尝试设计有别于"堡垒"和"禅雅塔"的智能机械。开发人员制作出了一支机械大军，充斥着各种模式的机器人，功能独特、形态各异（如下页图示）。这些设计工作也为今后创作其他的智能机械积累了宝贵的经验。

训练机器人

黑客模式　　　　圆盘式战术无人机　　　　重生模式

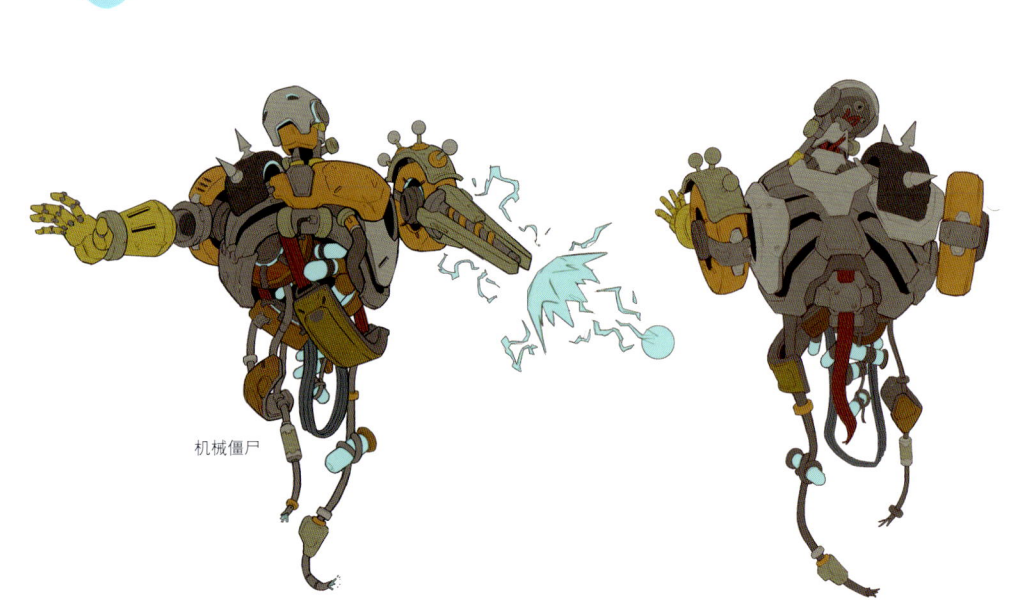

机械僵尸

# 地图

  未来的地球会是什么样子,对《守望先锋》的制作团队而言,答案似乎无穷无尽。他们深知《守望先锋》的世界将会是那么的与众不同,却在描绘时犯了难。

  多年来,暴雪创设构建了多个宏伟的世界,包括家喻户晓的《魔兽争霸》《星际争霸》和《暗黑破坏神》,制作团队把积累下的诸多宝贵经验作为参考,从中提炼出了四条作为塑造《守望先锋》背景环境的指导原则。

  第一,强烈的空间质感,生动逼真地描绘每处场景,使人置身其中流连忘返;第二,鲜明的光影效果,采用主次分明的光照,渲染出与环境主题相配的气氛;第三,散碎的故事元素,让细节处的物品与人物背景相呼应,以填补《守望先锋》主线故事之外的剧情;第四,壮丽的远景画面,塑造壮美雄奇的视觉全景,激励玩家勇于探索游戏地图之外的广阔世界。

  这四条原则勾勒出了一个新世界的图景——就像那些生活于其中的英雄一样,这将是一个令人难忘的广阔新天地。

## 地图
# 多拉多

　　迷人而富有魅力的墨西哥城市多拉多，有着绚丽多彩的灯光装饰。最先映入眼帘的是一座巨型新式发电站，这种未来样式的建筑灵感取自"阿兹特克"神殿。设计人员将其建设在山坡的顶端，所以玩家可以在该区域的任何位置观察到它。多座发电站沿着蜿蜒的海岸线依次坐落，组成了恢宏大气的电网群。

　　为突出城市的炫彩灯光，设计师有意用夜晚映衬多拉多，为此还特意设计了"光之节"（Festival de la Luz），把城镇的中央广场布置得热闹非凡（下页中间图示）。四处悬挂的彩灯把多拉多装扮得犹如白昼，火红与金黄交织如画，给人以宾至如归的温暖。甚至天空也一改沉闷的漆黑，用恬静的湛蓝烘托着气氛。

多拉多计划

多拉多早期构想图

上图：BEN ZHANG　中图：NICK CARVER　下图：BEN ZHANG

明信片

色彩基调

光明科创金字塔内视图

上图：DAVID KANG　中图：NICK CARVER　下图：BEN ZHANG

光明科创公司标志构想图

光明科创金字塔外视图

光明科创金字塔内视图

上图：DAVID KANG　中图：BEN ZHANG　下图：NICK CARVER

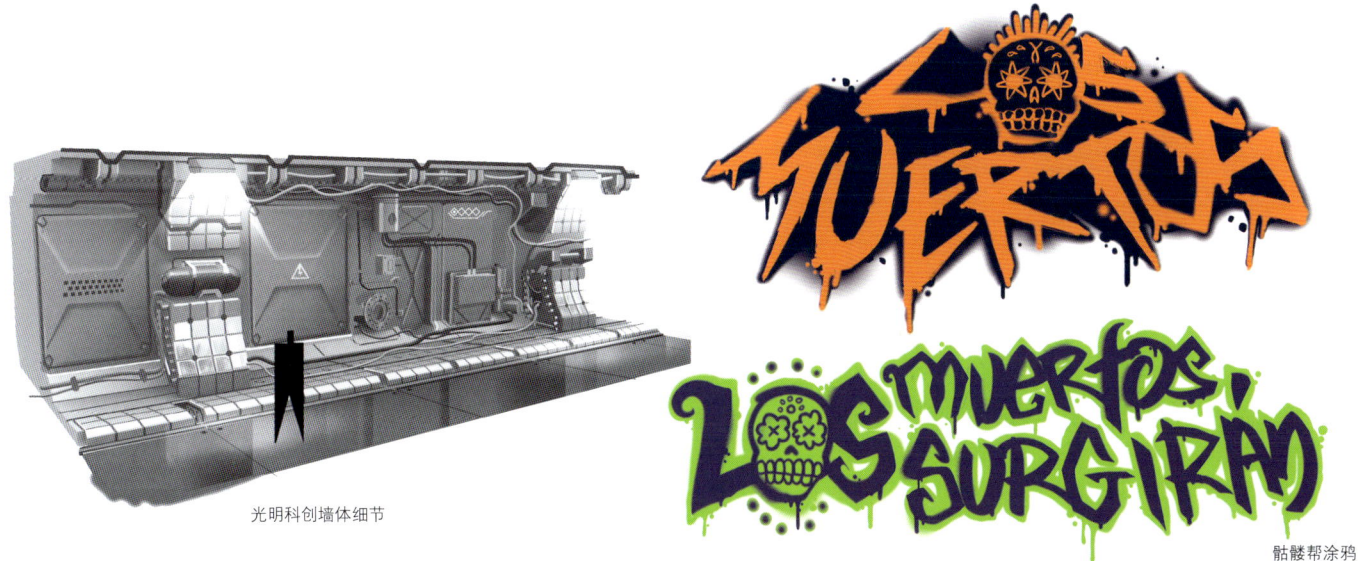

光明科创墙体细节

骷髅帮涂鸦

骷髅帮涂鸦

多拉多银行内视图

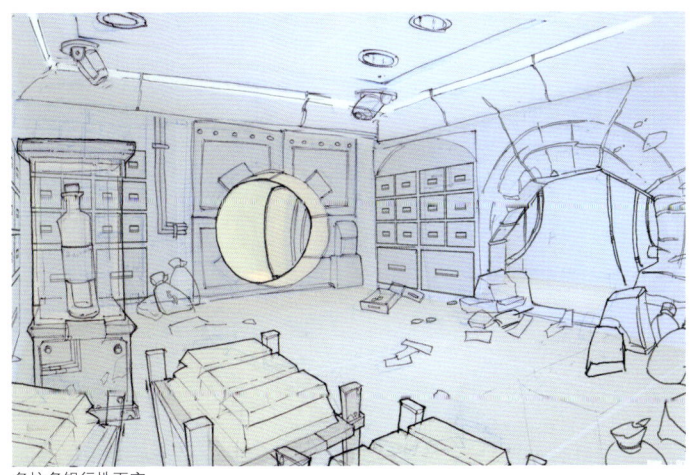

多拉多银行地下室

城堡中"黑影"的据点

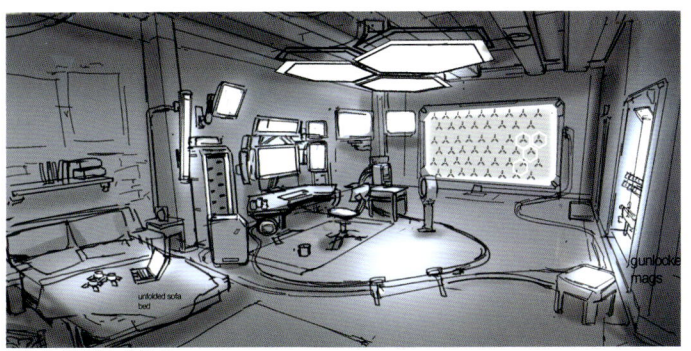

城堡中"黑影"的据点

左上图：Nick Carver，右上图：David Kang，第二行：Aquatic Moon，第三行：Gabriel Gonzalez，下图：Al Crutchley

## 地图
# 生态监测站：南极洲

"生态监测站：南极洲"是一座被冰雪层层覆盖的废弃科考站。如何让周遭环境看起来寒冷刺骨是个极大的设计挑战，但开发团队有着自己的主意。比起其他的地图，"生态监测站：南极洲"的占地较小，这意味着设计人员可以把更多的精力放在环境特效的制作上。为使玩家有身临其境的感觉，许多雪境的细节被设计出来，例如当阳光斜射时，雪地会闪烁反光。

尽管首要目的是设计出冰冷荒芜的场景，但游戏团队仍希望通过地图透露出一些信息。英雄"美"作为科学研究小组的一员，曾经在这座监测站工作生活过。因此，在地图的四处都可以发现她之前存在的痕迹，比如手写的便签和未带走的私人物品（如下页图示）。这些微小的细节都表明了，"美"曾受困于此，后来凭借机智的头脑逃脱了险境。

通讯塔

本页画作均出自 BEN ZHANG

"美"的私人物品

"美"的日记

本页画作均出自 ANH DANG

"雪球"的扩展坞

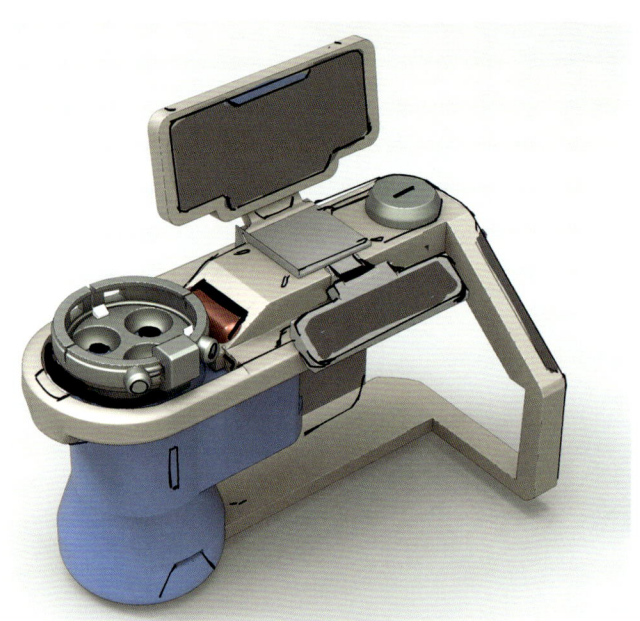

扩展端口

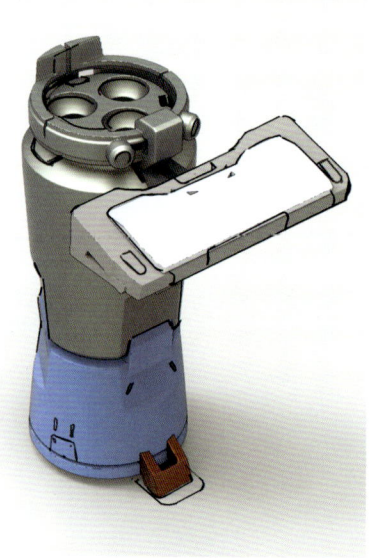
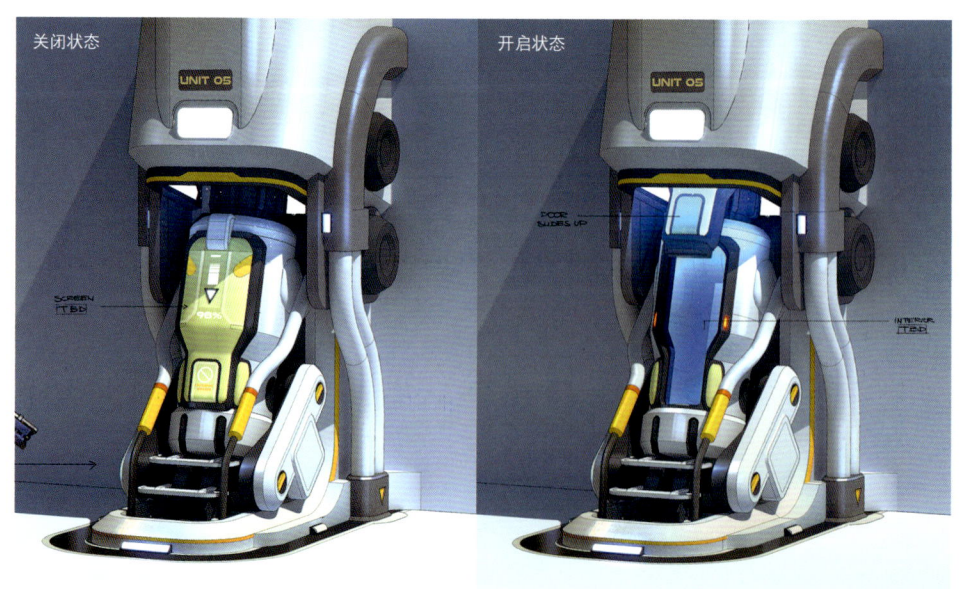

右下图：OSCAR CAFARO　其余：AL CRUTCHLEY

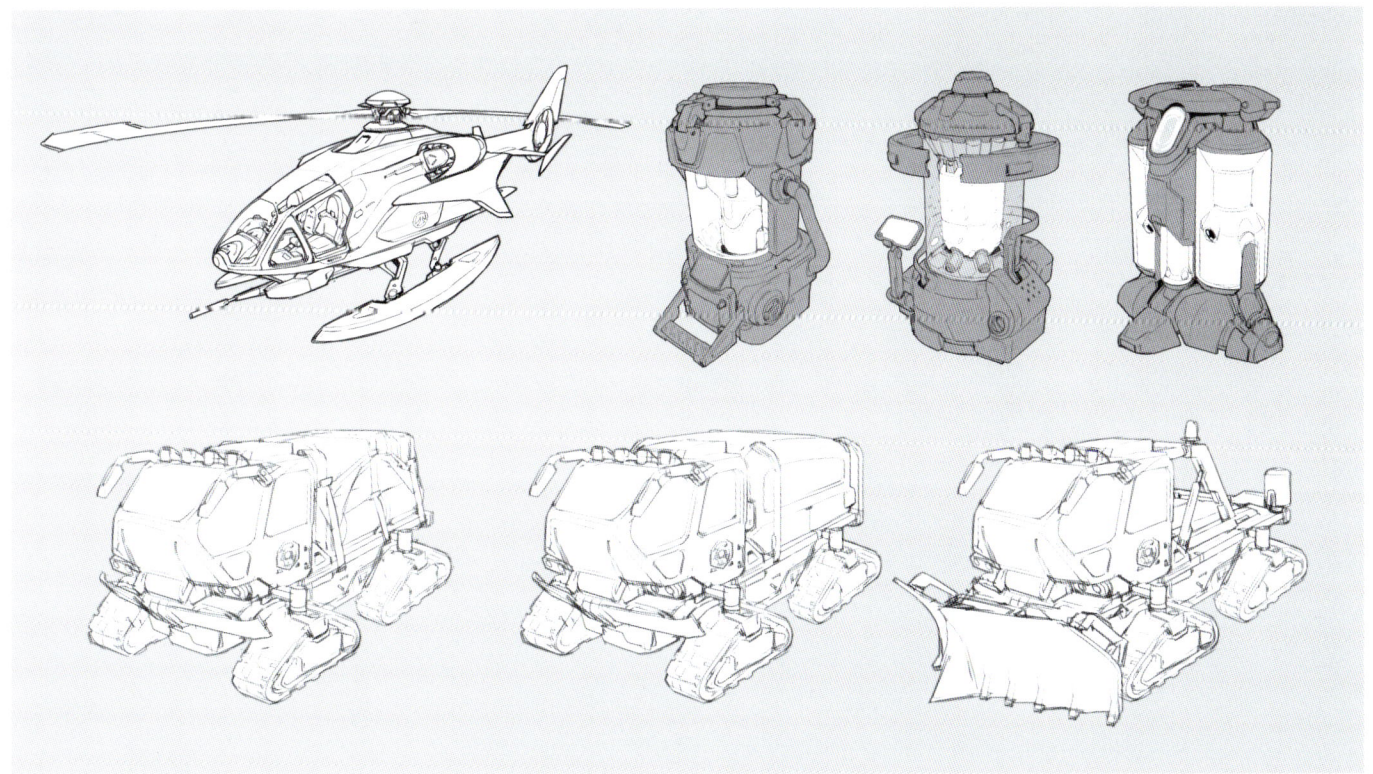

贴图设计

储气罐

右中图：OSCAR CAFARO　其余：BEN ZHANG

地图
# 艾兴瓦尔德

在游戏开发之初，设计团队有意制作两张不同风格的地图。其一，远离城市，绿树环绕成荫；其二，古老城堡，魔幻气息弥漫。最终，艾兴瓦尔德成了两者的结合：一座老式的德国古堡，也是一个森林围绕的村庄。

艾兴瓦尔德曾是人类与智械大战的主战场之一，但转瞬之间，这座城市就被遗弃了。地图中，随处可见崩塌的建筑和受损的作战机器人。许多家具和油画被有意地装饰在艾兴瓦尔德各处，以营造出悠久的历史感，同时也表明这里曾是人类的美好家园（第144—145页图示）。

艾兴瓦尔德城堡

黑森林

上图：ANH DANG　中图：NICK CARVER　下图：PETER C.LEE

十字军征兵海报

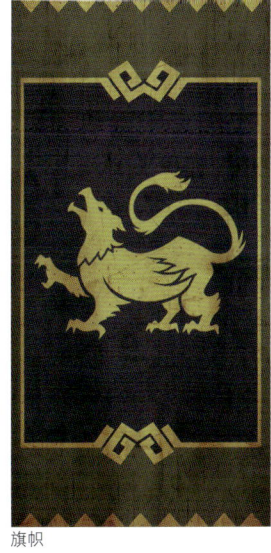
旗帜

中庭

中庭

左上图：DION ROGERS  其余：NICK CARVER

啤酒馆内的摆设

城镇房屋

啤酒馆内视图

艾兴瓦尔德村庄

本页画作均出自 NICK CARVER

王座设计图

智械空投仓,黑森林

啤酒馆内的摆设

艾兴瓦尔德城堡的挂画

上图和下图:VASILI ZORIN 中上图:AL CRUTCHLEY 中左下图:ANH DANG 中右下图:DAVID KANG

## 地图
# 花村

游戏开发团队希望在所设计的每一张地图中,既有新概念的延伸,又有旧文化的传承,兼具历史感和未来感。地图"花村"就是典型的例子。设计师在制作"花村"时,采用了大量带有拱廊的日式建筑,以及颇具现代感的流行文化装饰(第148—149页图示)。这些风格不一的设计彼此间形成了鲜明的对比,却又通通融入地图之中。无论是科技先进的城市街道,还是樱花飞舞的寺院中庭,设计团队希望"花村"中的每一处场景都能与众不同。

漫天飞扬的樱花是"花村"的重要主题,更是整体视觉风格的一部分。除了作为日本的象征,樱花还起到了对环境二次渲染的作用。为了加强这种效果,设计人员甚至让飘舞的每一片花瓣都闪耀着粉红色的光泽。

花村寺庙

明信片

花村早期构想图

上图和中图:BEN ZHANG  左下图:DAVID KANG  右下图:PETER C.LEE

花村早期构想图

寺院的大钟

壁画

上图和左下图：BEN ZHANG  中图：PETER C.LEE  右下图：DAVID KANG

花村早期设计图

泰凯斯

凯瑞甘

泰瑞尔

陆战队员

攻城坦克

加尔鲁什

秃鹫战车

上图：BEN ZHANG  其余：ARNOLD TSANG

## 地图
# 好莱坞

为在现实与幻想之间找到平衡，开发团队曾反复修改"好莱坞"地图。与其原封不动地照搬，设计团队更愿意打造一个充满理想主义而且鲜活有朝气的好莱坞。在《守望先锋》的未来世界里，好莱坞巨大的地标性招牌依然矗立，以向电影的黄金年代致敬。在地图的四处，不但有敞亮的街道，电影海报更比比皆是，甚至还有露天片场的拍摄布景，这些设计很容易就唤起了人们对好莱坞的美好想象。

明信片

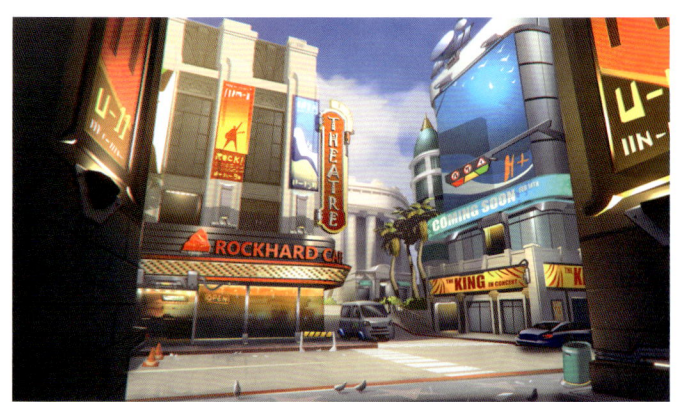

早期构想图

电影海报

上图和右下图：BEN ZHANG　左中图：DAVID KANG　下图：ANH DANG、DAVID KANG、ARNOLD TSANG 和 HERO COMPLEX GALLERY

露天片场的布景

酒吧

闪金影业

下图：DAVID KANG　其余：AQUATIC MOON

摄影棚

摄影棚

电影院

日落广场

上图：AQUATIC MOON 下图：DAVID KANG

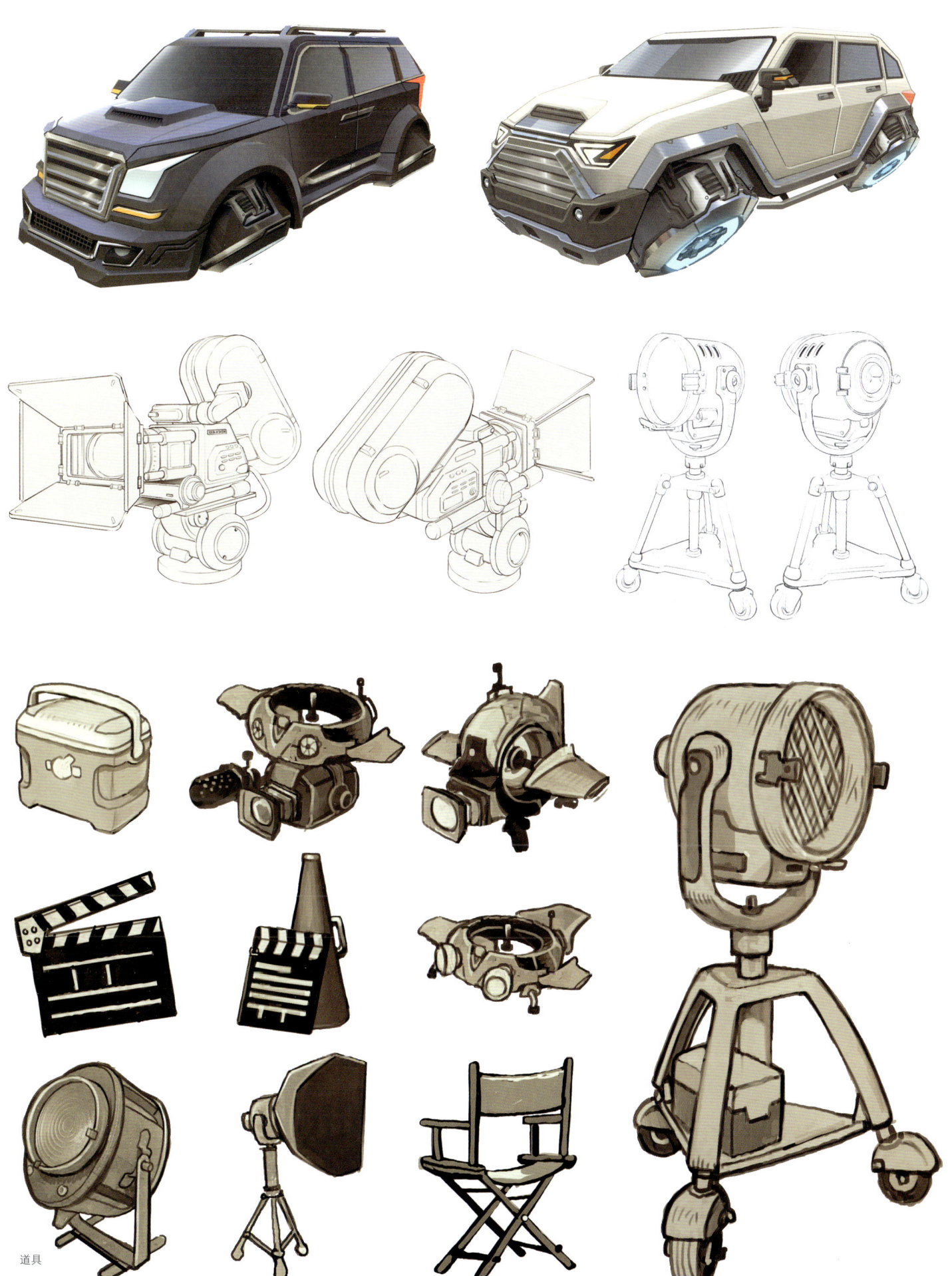

上图：NICK CARVER 下图：AQUATIC MOON

## 地图
# "地平线"月球基地

"地平线"月球基地是一张与"温斯顿"有关的地图——游戏团队喜欢把许多场景与英雄的身世背景结合在一起。在这座存在于未来的实验室里,研究人员饲养着一群被基因改造的大猩猩,"温斯顿"就是其中之一。基地中的大部分建筑都是在讲述"温斯顿"背景故事的动画短片《归来》公布之后设计的,地图上还重现了短片中的某些场景,如猩猩的房间及可以看到地球的观察室。然而,制造那些没有在动画中出现的基地需要更多的工作。许多有关月球基地的概念图早在设计地图之前就已经存在了,游戏团队一直在各种科技风格中寻找最恰当的未来式造型。

"地平线"月球基地的大部分游戏区域都被限制在基地内部。在早期的设计中,由于单一的视觉风格,在游戏中变换场景容易产生枯燥之感。于是设计团队针对不同的区域,运用不同的辅助颜色,从而使地图的不同场景之间有明显区别,比如在生态区渲染绿色。这同时也优化了游戏的体验,通过观察周围装饰的色彩,玩家可以立即判断自己所处的位置。

月球基地外视图

望远镜

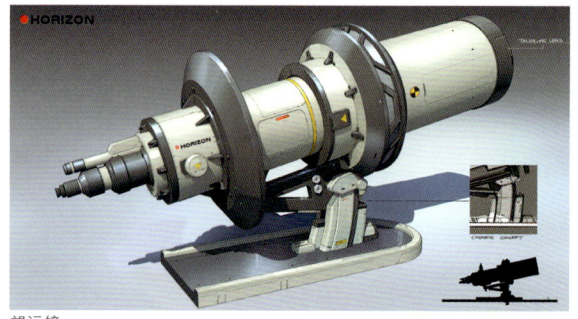
望远镜

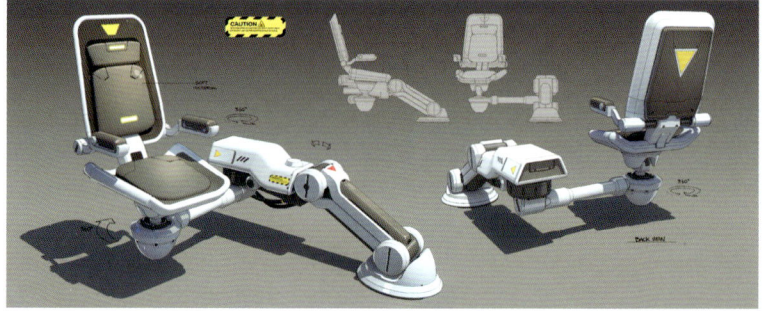
望远镜操作椅

上图和右中图:AL CRUTCHLEY　下图和左中图:OSCAR CAFARO

雷达

漫游车

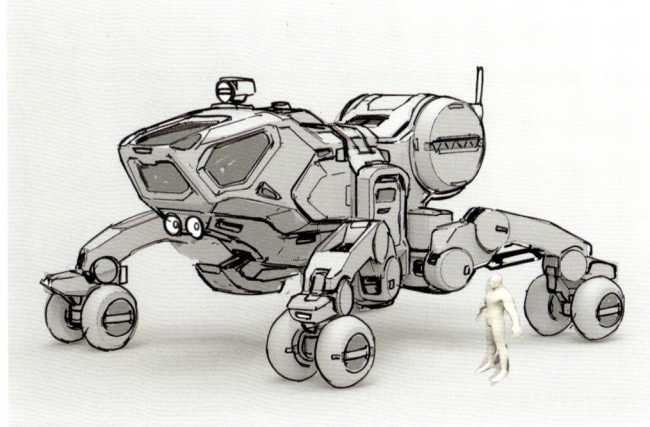
漫游车组图

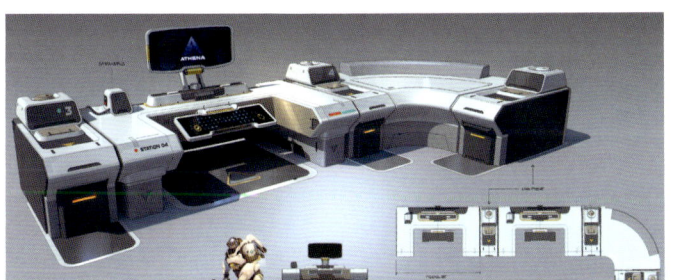
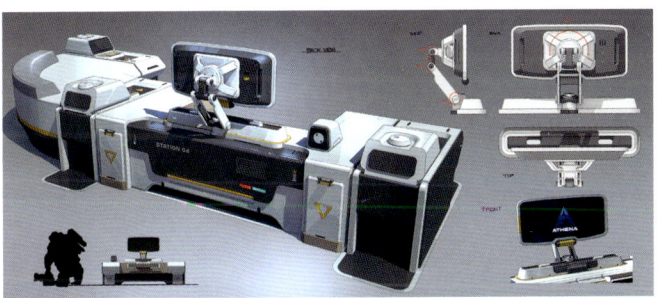
操控台

温斯顿博士办公桌

本页画作均出自 OSCAR CAFARO

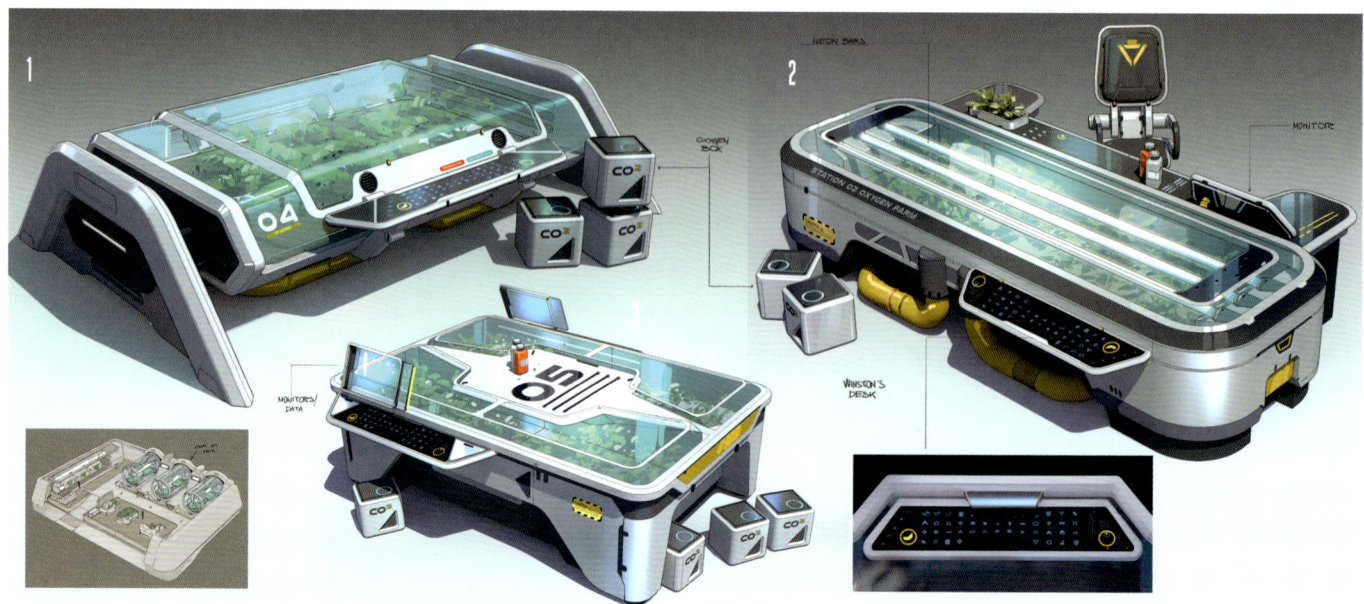

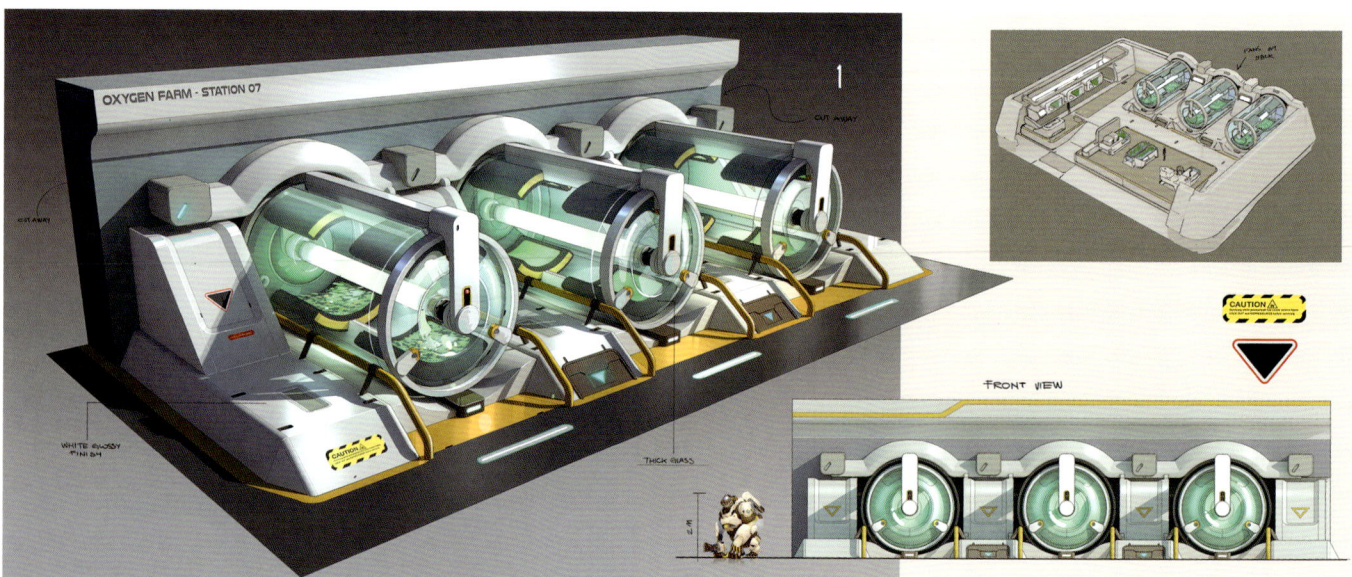

氧气农场

右下图：AL CRUTCHLEY  其余：OSCAR CAFARO

氧气农场

垂直培养器

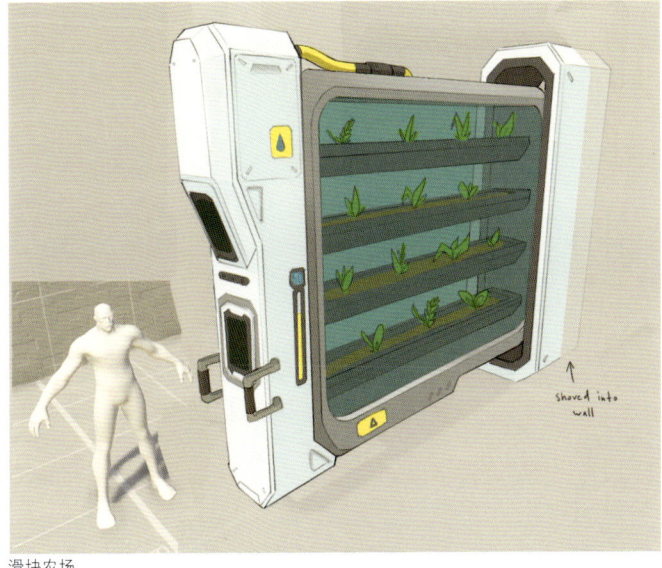

滑块农场

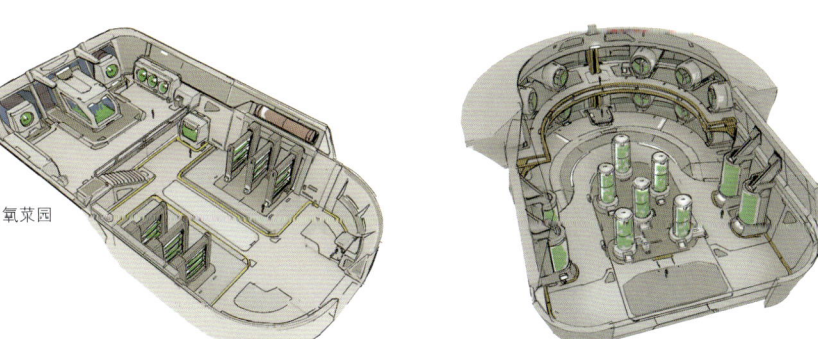

富氧菜园

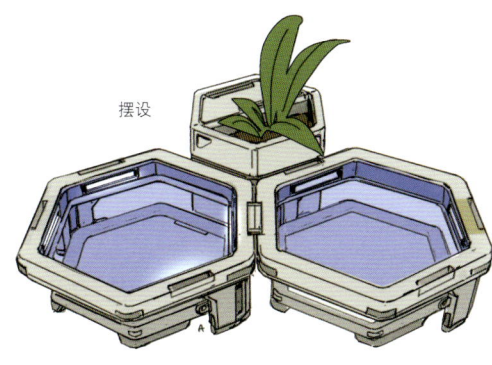

摆设

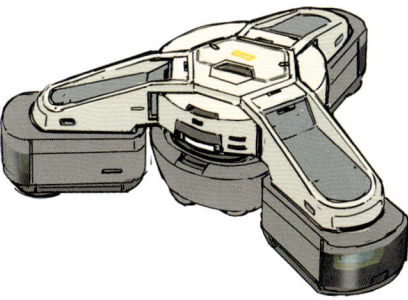

下图：AL CRUTCHLEY　其余：OSCAR CAFARO

地图
# 国王大道

"国王大道"是游戏团队继"阿努比斯神殿"之后制作的第二张地图。对后者来说,开发人员希望用明亮的采光营造出强烈的冒险感。然而"国王大道"则是完全与之相反的风格:夜幕之下魅影憧憧的城市中心。设计师借鉴了许多伦敦的建筑,同时也将《守望先锋》的故事融入其中。在"国王大道"的一端,设计团队描绘了一座隐藏在城市之下的污秽之城,此即伦敦智械的栖身之所。在这里,人类与智械间旷日持久的冲突,甚至暴力斗争的历史都得到了淋漓尽致的展现,充分呼应了《守望先锋》的世界故事。

随着地图"国王大道"制作的推进,动画短片《新生》也在紧锣密鼓地筹备着。在短片里,"黑百合"暗杀了智能机械僧侣孟达塔,后者当时正在发表演说,致力于号召人类与智械携手共进和平共处。为了保持与动画短片的一致,游戏团队随后在孟达塔遇刺的地点放置了一座用于缅怀的纪念碑。

国王大道

明信片

国王大道上的暴动

左下图:DAVID KANG 其余:BEN ZHANG

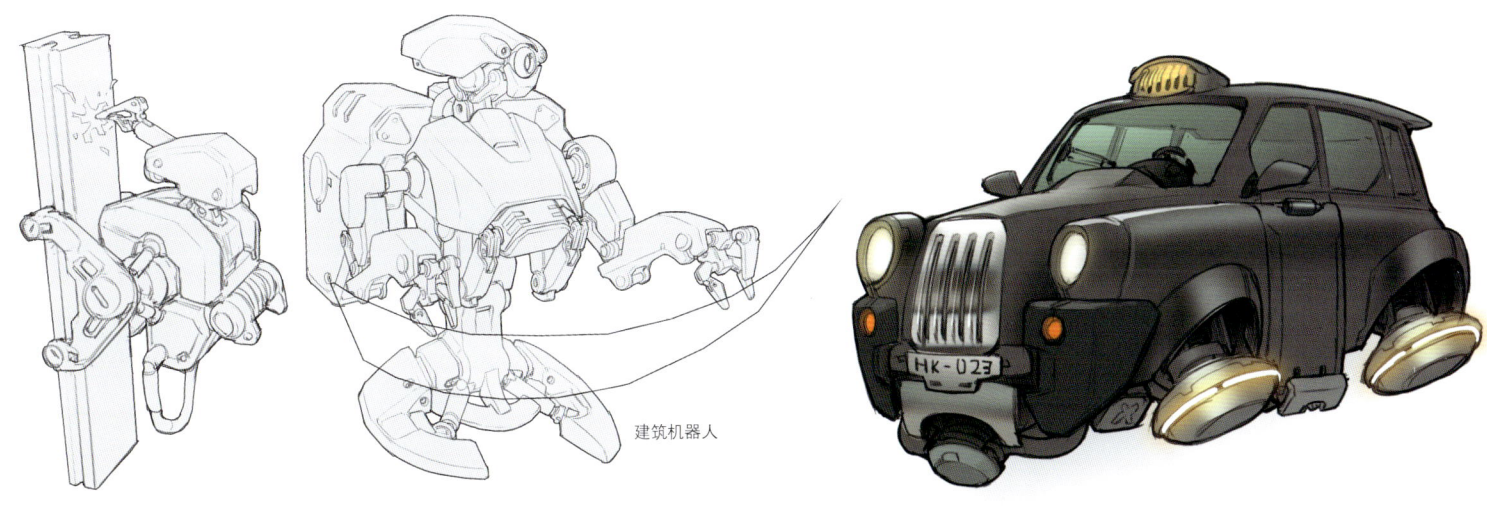

建筑机器人

运载目标，"国王行动"

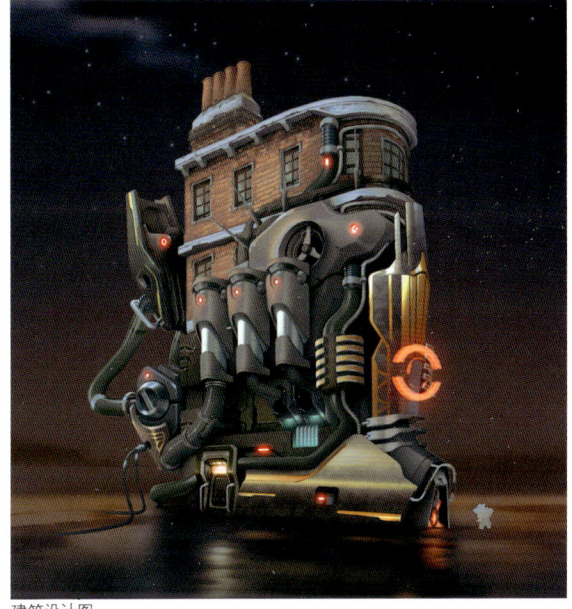

建筑设计图

"国王大道"早期构想图

装甲运兵车,"国王行动"

地铁站,"国王行动"

大教堂,"国王行动"　　　　　　　　　　　发电厂入口

发电厂天花板　　　　　　　　　　　底层城市

上图:AL CRUTCHLEY　其余:BEN ZHANG

装甲车,"国王行动"

公交车

摆设

运载目标,"雪国仙境"

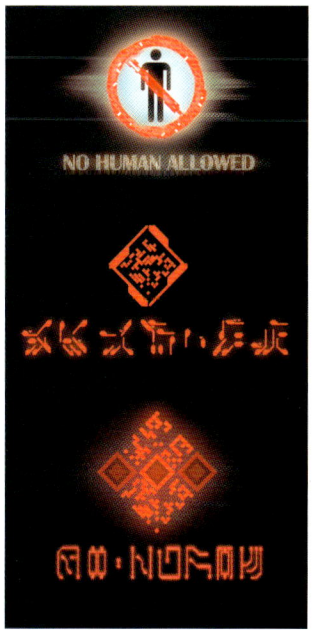

海报

智械语言设计图

画师:AL CRUTCHLEY、BEN ZHANG 和 ANH DANG

地图
# 漓江塔

　　设计一座具有未来风格的中国大都市的想法,着实令游戏团队兴奋不已。为了展现华丽的城市风光,设计团队决定把环境设定成夜晚。他们围绕着城市中央矗立的巨型高塔来制作地图,这座名为"漓江塔"的宏伟建筑也为城市塑造出了壮丽雄奇的场景。这不仅暗合了乐观积极的城市主题,更彰显了人类渴求进步的美好愿景。

　　尽管"漓江塔"是一座高科技未来化的城市,设计团队还是添加了颇多市井元素,例如夜市大排档以及传统中式牌坊(第164-165页图示)。正如《守望先锋》的其他地图一样,新旧元素的相互融合,让玩家在似曾相识的感受中啧啧称奇。

夜市,金鸡鸣春

天际线,金鸡鸣春

本页画作均出自 BEN ZHANG

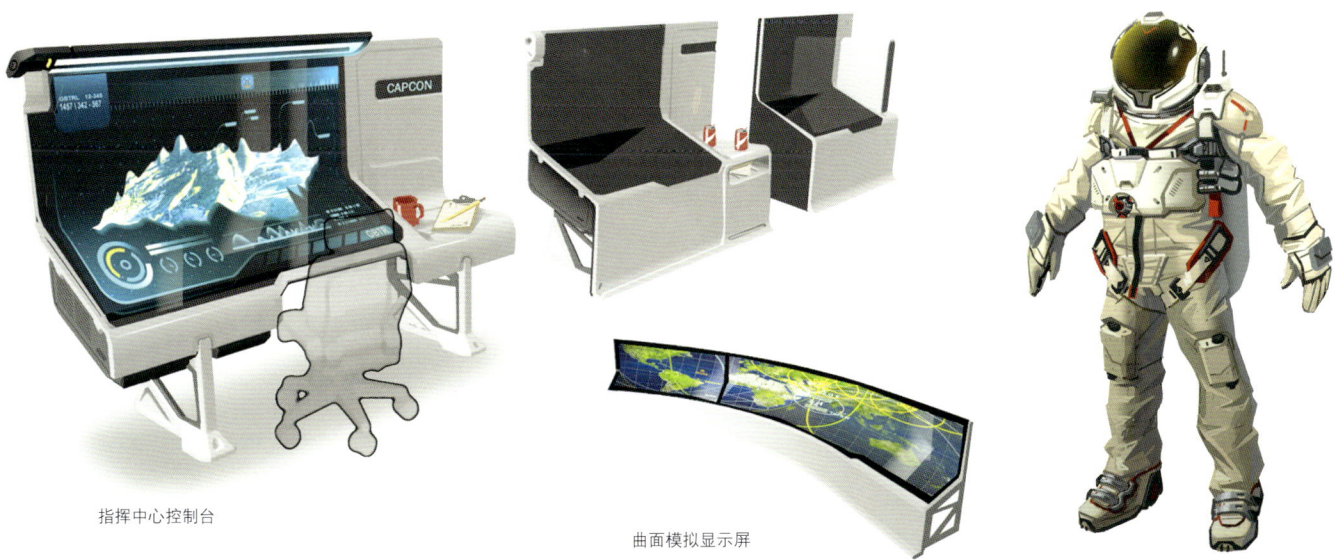

指挥中心控制台　　　　　　　曲面模拟显示屏

星际旅程标志构想图

星际旅程高层图景

街拍

街拍

建筑外立面

画师：DAVID KANG、NICK CARVER 和 BEN ZHANG

夜市菜单配图　　　开心乌贼海鲜餐厅

明信片

上图：AQUATIC MOON　右中图：NICK CARVER　下图：DAVID KANG

庭院，夺旗模式

庭院内视图，夺旗模式

庭院内视图，夺旗模式

本页画作均出自 AL CRUTCHLEY

地图
# 尼泊尔

地图"尼泊尔"被设计位于世界的屋脊、坐落在高耸穿云，人迹罕至的山巅，环绕着神秘和启悟的气息。这些独特的特质正是这张地图的核心主题，因为尼泊尔是一个名为"香巴里"的智械僧侣组织的家园。尽管尼泊尔的建筑大多外观粗糙而朴素，设计团队还是增设了许多高科技的细节和机械形状的符号，以此来暗示智能机械正栖居在这与世隔绝的山顶。

村庄

全景图

本页画作均出自 NICK CARVER

明信片

圣坛的色彩基调

早期构想图

圣所的色彩基调

圣坛的色彩基调

圣坛的色彩基调

上图：DAVID KANG　其余：NICK CARVER

建筑设计图

村庄

早期设计图

圣所

本页画作均出自 NICK CARVER

运输机外视图

运输机内视图

地图
# 努巴尼

自努巴尼的概念设计稿成型之后,开发人员就致力于在非洲大地上建立一座科技高度发达的大都市。这座城市散发着希望之光与和谐之音,是《守望先锋》的世界里为数不多的人类与智械能够和平共处的城市。为了赋予这座城市生机与活力,设计师们尝试了不同的方案,其中早期的想法是让它飘浮在空中,还有一个想法则是在城市中建造墙面覆盖玻璃的矩形建筑。最终,设计团队返回设计的原点,决定以动物为形态并充满曲线美感的摩天大楼装点这座城市,同时使其不乏原始部落的图腾元素。

由于努巴尼具备独一无二的视觉美感,为了让城市焕发生机,设计师们在城市的街道上添置了咖啡馆和商店,令其充盈着旺盛的生命力。在地图的一端,可以看到连通其他城市的交通枢纽,这意味着努巴尼并非幻想的乌托邦,而是真实世界的一部分。

早期构想图

努巴尼旅游海报

努巴尼的城市街道

中图:PETER C.LEE 其余:BEN ZHANG

早期构想图

建筑草图

博物馆外视图

博物馆内视图

末日铁拳海报

上图：PETER C.LEE　其余：BEN ZHANG

摆设

摆设

本页画作均出自 AQUATIC MOON

地图
# 绿洲城

就像努巴尼一样,"绿洲城"也是《守望先锋》世界里的一座风格奇特的未来都市。两座城市风格迥异,意义也大不相同。从门廊到墙体,"绿洲城"到处都彰显着中东的建筑风格。与努巴尼人和智械和谐共处的主题相左,"绿洲城"是以人为本的先进科技中心。

开发团队把"绿洲城"定义为知识与实验的圣殿。在城市中,人们可以自由使用各种高科技技术来改善生活,如基因改造、机械强化等。四处运行的自动化无人机和运载目标,更增强了城市的科幻气质。"绿洲城"是第一张将这些设计元素融合为一的地图。

全景图

建筑内视图

上图和下图:BEN ZHANG  中图:NICK CARVER

海报

城市构想草图

街道

中央高塔

建筑外景

左上图：ANH DANG　右上图：VASILI ZORIN　下图：PHILIP WANG

城市中心

花园

拱形门　　　　　　　　　　　　　　　　　　　　　　　　　　集市入口

大厅内视图　　　　　　　　　　　　　　早期构想图

画师：NICK CARVER 和 VASILI ZORIN

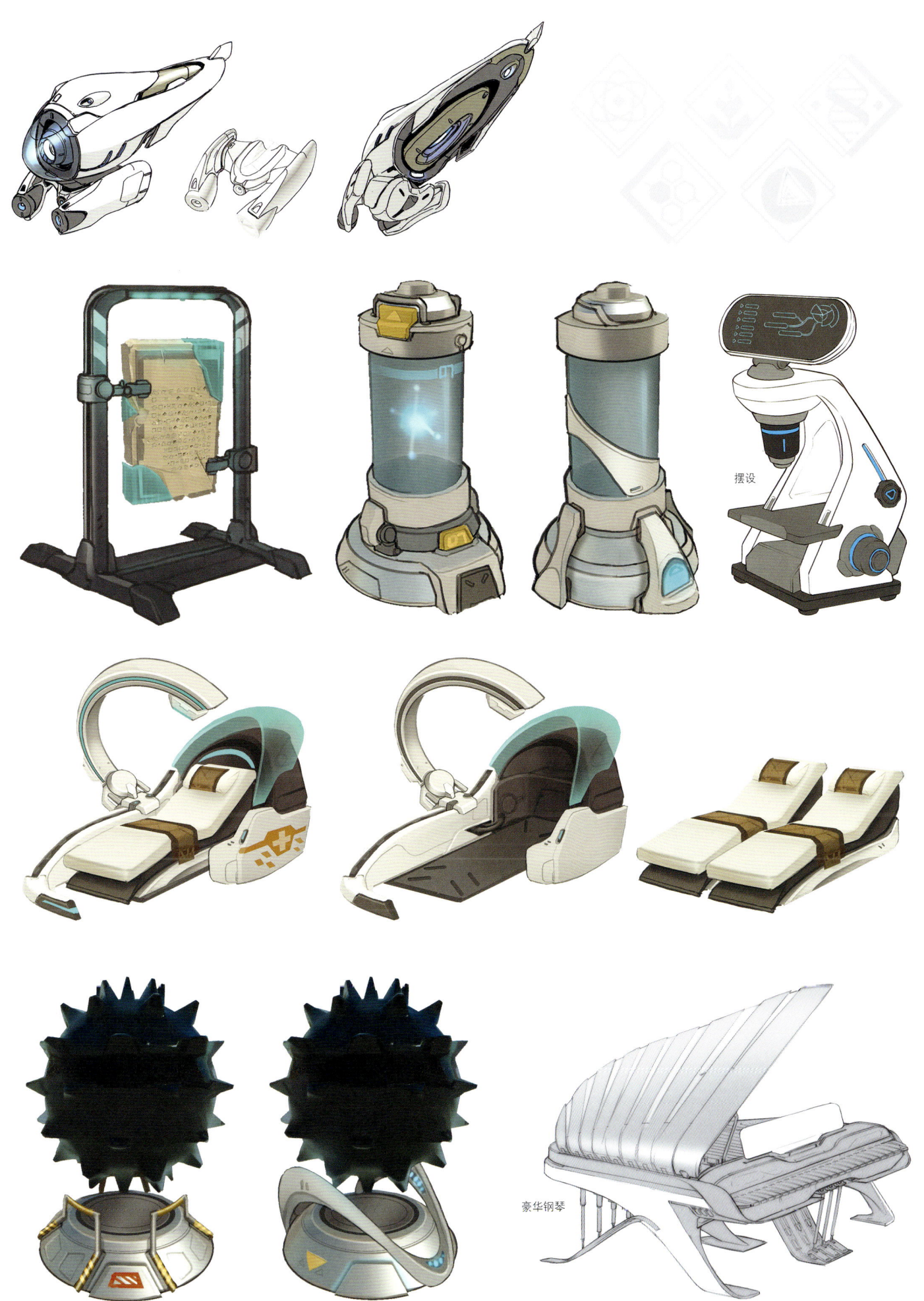

左上图：AL CRUTCHLEY  右上图：ANH DANG  中图：PHILIP WANG  右下图：BEN ZHANG

地图

# 66号公路

游戏团队制作"66号公路"的初衷是希望营造在开放道路上冒险的氛围。高耸的鲜红色石壁，被橘黄色沙砾覆盖的道路，极目所至的宝蓝色天空，"66号公路"堪称《守望先锋》里色彩最丰富的地图。公路两旁矗立着很多建筑物，有装饰简朴的餐馆，也有充满异域气息的山洞，如果你有幸走过美国西南部的高速路，便能在此体验到与之相仿的感觉。

死局帮是"66号公路"上重要的背景角色。游戏团队希望将其设计成实力雄厚的犯罪团伙，而非不入流的乌合之众。于是，在地图的终点处，设计师描绘了死局帮的秘密基地，彰显其纪律严明，装备精良的特点。

"大伯爵"加油站

明信片

上图：NICK CARVER　下图：DAVID KANG

大型货车　　　　　　　　　　　　　　死局帮标志

大型货车车身贴图

"高地"旅馆

死局帮藏匿点

画师：NICK CARVER 和 DAVID KANG

地图
# 阿努比斯神殿

　　"阿努比斯神殿"是《守望先锋》团队精心制作的第一张地图。之所以选择埃及文化风格,游戏团队有着多重的考量。其中一个原因是,"阿努比斯神殿"提供了最佳的平台以展现英雄人物的魅力。简洁的沙漠背景,明亮的阳光,有助于充分展示角色身上的细节。另一个重要原因是,埃及文化形象具有强烈的视觉冲击力,例如堪称标志性建筑的狮身人面像和古老金字塔,非常有利于营造冒险的气氛。

　　在制作"阿努比斯神殿"的过程中,开发团队为了创造出最具幻想风格的城市外观,极大地夸张了许多建筑的形象,还增加了许多飞沙走石的环境特效。这些工作给了团队非常宝贵的经验,奠定了《守望先锋》的风格与基调。

早期构想图

视觉目标图

上图和下图:BEN ZHANG　中图:PETER C.LEE

明信片

雕像

早期构想图

目标点装置

左上图:PETER C.LEE　右上图和中图:BEN ZHANG　左中图:ARNOLD TSANG

金字塔

大门

目标点区域

重生室设计图

本页画作均出自 BEN ZHANG

摆设

目标点装置

沙漠漫游车

左中图和左下图：ARNOLD TSANG  其余：BEN ZHANG

地图
# 沃斯卡娅工业区

　　设计人员从俄罗斯的城市中汲取灵感，塑造出了这座被白雪覆盖的工业城市——"沃斯卡娅工业区"。对这张地图而言，背景故事是其重要的组成部分。在随处可见的壁画中（中间图示），玩家可以获知这个国家与智械间存在着持久的冲突。他们甚至还设立了兵工厂，专门生产对抗智械的机甲战士（下页上部图示）。很关键的一点是，这些机甲战士是由驾驶员而非人工智能控制的。为了充分表达出这些设定内容，设计人员绘制了多张"反智械"海报（下页中央图示），并且在巨型机甲上增设了驾驶舱（下页下右图示）。

住宅区

明信片

浮雕画

引导标示

左下图：DAVID KANG　其余：BEN ZHANG

早期构想图

宣传海报

目标点区域

机甲士兵设计图

上图：PETER C.LEE　其余：BEN ZHANG

工厂外视图

早期构想图

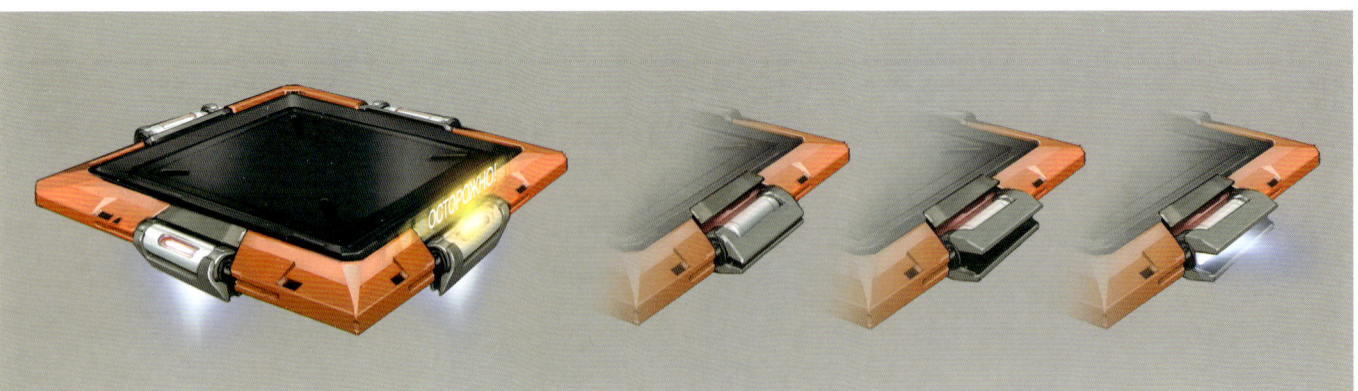
移动平台

中图：PETER C.LEE  其余：BEN ZHANG

不同形态的机甲

早期构想图

下图：PETER C.LEE　其余：BEN ZHANG

## 地图
# 监测站：直布罗陀

"监测站：直布罗陀"汇集了从未使用过的全新设计思路。这张地图刻画的是成年"温斯顿"的居所，设计人员为此添加了许多细节，以增强场景里"温斯顿"的生活气息。位于地图一侧的实验室里就满是这样的布置，"温斯顿"常年躲在这里一边监测着世界的变化，一边舔着花生酱（第190-191页左图示）。大到太空舱，小到一张图片，都可以从中一窥"温斯顿"的身世背景。

"直布罗陀"也是第一张描绘守望先锋基地的地图。为此，开发团队设计了独特的建筑、装置和载具，以求赋予守望先锋组织清晰简练的视觉风格。

监测站：直布罗陀，外视图

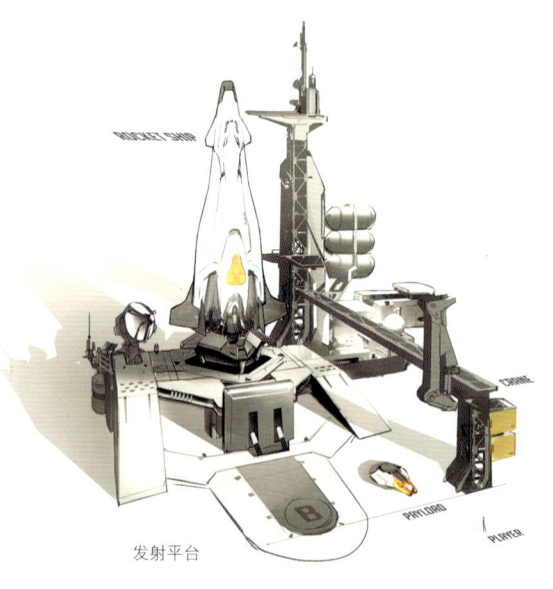

发射平台

飞机库

本页画作均出自 BEN ZHANG

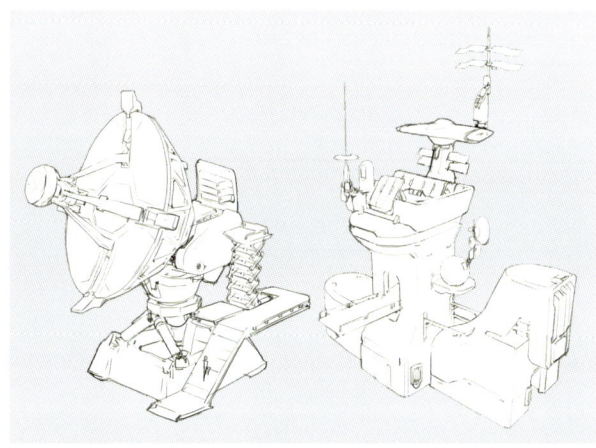

环境透视图

地图概览

明信片

发射平台

左下图：DAVID KANG 其余：BEN ZHANG

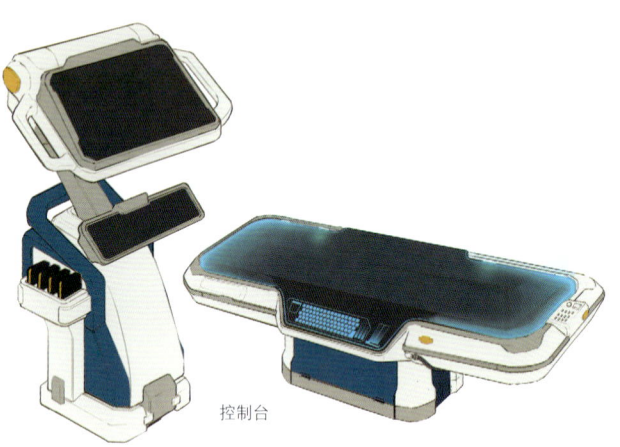
控制台

"温斯顿"的实验室

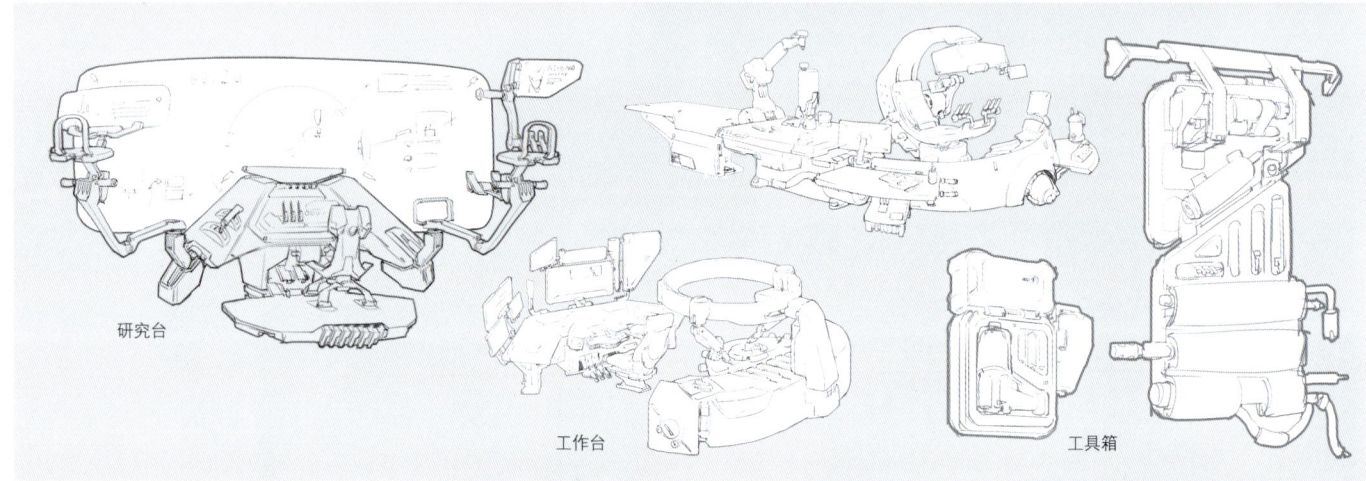
研究台　　工作台　　工具箱

"温斯顿"的实验室

右上图：DAVID KANG　其余：BEN ZHANG

装甲车

燃料运输车

无人机

喷气式战斗机

通讯基站

无人机

本页画作均出自 BEN ZHANG

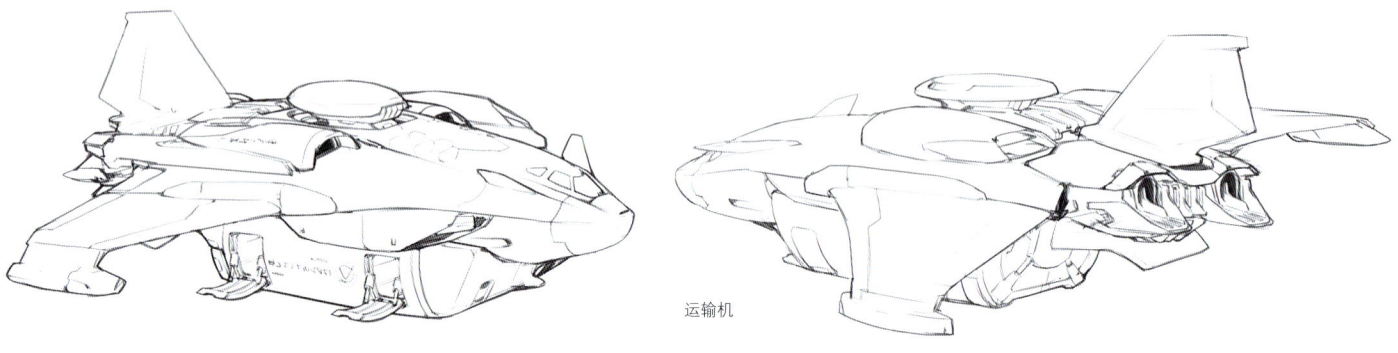

运输机

工作台显示屏

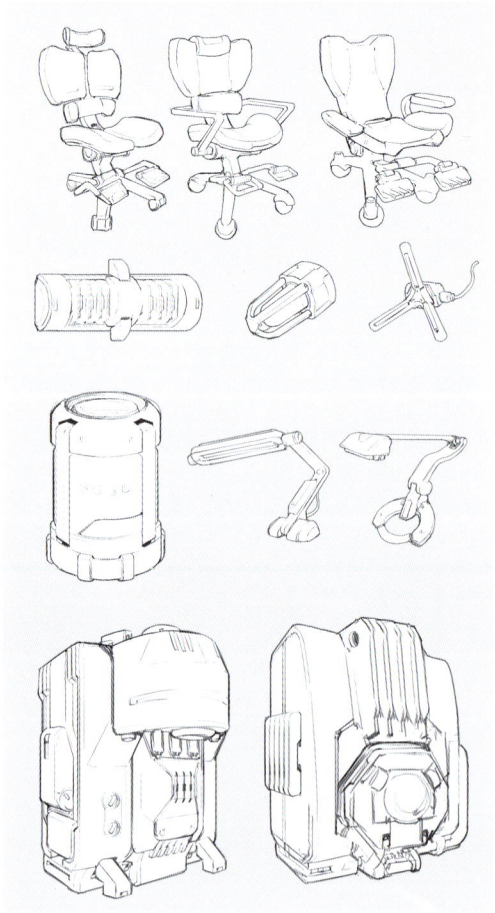

摆设

贴花纸

上图和下图：BEN ZHANG  中图：DAVID KANG

## 地图
# 伊利奥斯

"伊利奥斯"是《守望先锋》团队赶在游戏正式发售之前制作的最后一张地图。由于处于开发末期，开发团队几乎把该展现的设计元素都展现了——无论是"直布罗陀"中心的秘密基地，还是"漓江塔"壮美的城市风貌。在设计"伊利奥斯"时，设计团队的任务变得简单了许多。只有一个带有希腊式田园风格的度假胜地，静静地被深蓝色的地中海包围着，以此与高科技风格的地图产生反差。不过，也不是说"伊利奥斯"完全没有未来主义的细节。设计团队适时地在地图各处增添富有科技感的物件，使其并不脱离《守望先锋》的世界主题。

灯塔

灯塔

明信片

风车

左下图：DAVID KANG　其余：NICK CARVER

# 皮肤

在设计英雄的时候，游戏团队严格遵守既定的美术原则，以确保整体风格的和谐统一。每一个角色在彰显个性的同时，必须要充分融入到《守望先锋》的世界中。

皮肤设计则需要另一种理念。人物皮肤给了设计师们二次创作的机会，他们因此得以从另一个视角来改造英雄形象。一些皮肤与英雄故事息息相关，展示了其年轻时的样貌，另一些则抓住英雄身上的某些特性，把它戏剧化地放大。

其实，皮肤设计本身就是一个技术与美学的双重挑战，在改变英雄外貌的同时，还必须保持角色的精髓。不管皮肤的风格是严肃还是轻松，设计人员时刻要做到内外兼顾——既要赋予英雄独特的魅力，又不能失其本真。

## 皮肤
# 安娜

在众多"安娜"皮肤的设计中，与原型差距最大的要数末日系列了。设计师希望给人一种饱经风霜，可以应对任何环境，就像那些生活在社会边缘的人一样的感觉。设计团队糅合了多个核心要素之后，最终推出了"废土士兵"皮肤。弹药带、呼吸管和医药罐，许多细节表明：在末世生活的"安娜"会充分利用她所能找到的一切物资来武装自己，并坚强地活下去。

废土士兵

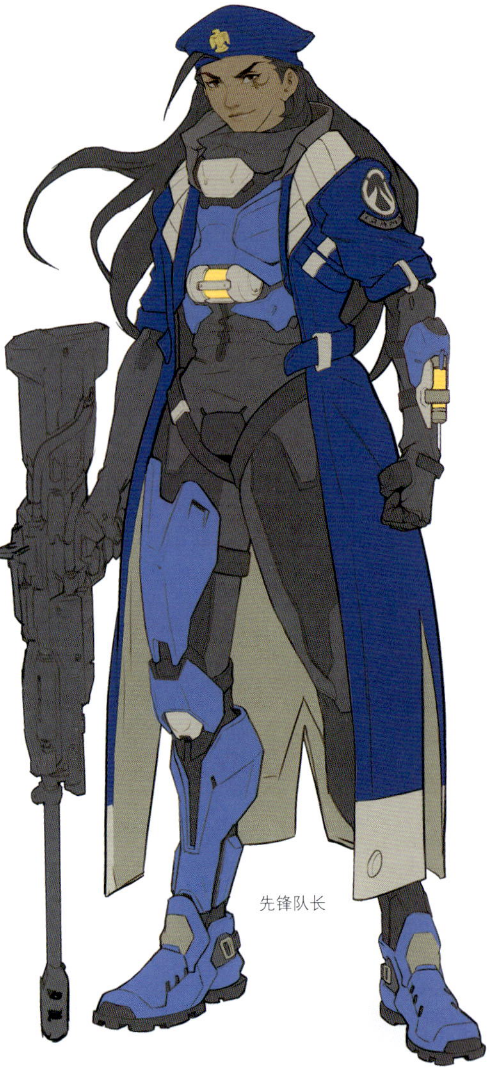

先锋队长

左上图和左下图：ARNOLD TSANG　右上图：BEN ZHANG　右下图：DAVID KANG

## 皮肤
# 堡垒

在为"堡垒"设计皮肤的时候，开发人员需要同时考虑到"堡垒"的三种形态：侦察模式、哨卫模式和坦克模式。三种形态的皮肤各有不同，但风格彼此统一，这是设计的核心要求。与此同时，新设计的贴图还不能与现有的动画效果相冲突，以免影响其变形的流畅性。

此外，开发人员还要给小鸟妮妮设计一个别样的外观。通常在"堡垒"皮肤设计确定了之后，设计师才会思考该为小鸟换一个什么样的形象。这样，妮妮的样貌就能与"堡垒"的皮肤完美相合了。例如"古董堡垒"搭配上啄木鸟（下部图示）。

蒸汽堡垒

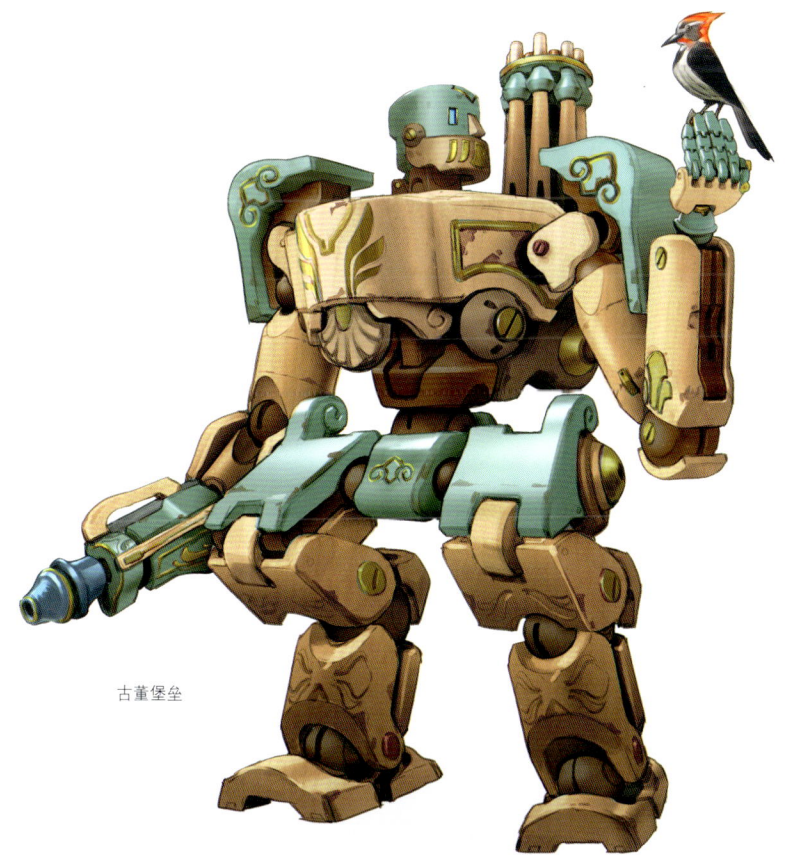

古董堡垒

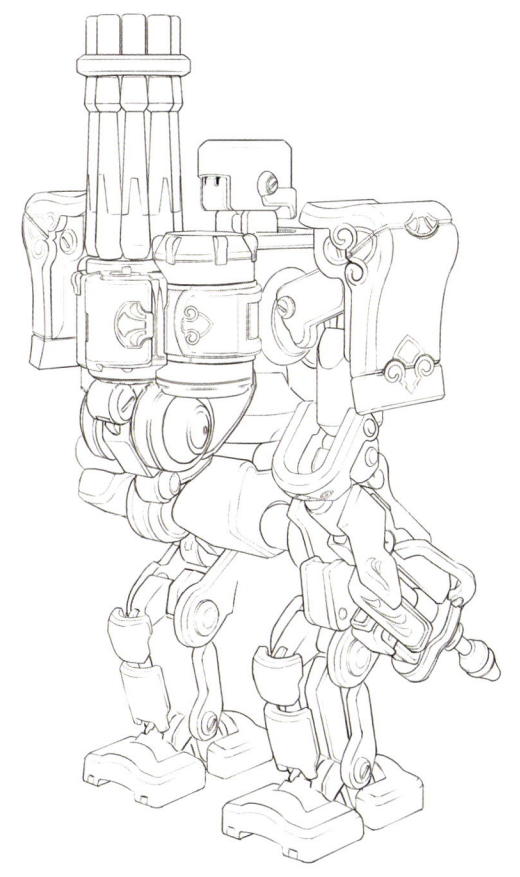

上图：BEN ZHANG  左下图：BEN ZHANG 和 DAVID KANG  右下图：DAVID KANG

# 皮肤
## D.Va

制作"D.Va"的皮肤要求同时改变机甲和驾驶员的外观，游戏团队不希望其中一个被另一个的光芒所压制。相反，在保持自身是整体的一部分的前提下，机甲的造型和驾驶员的服饰需要有各自的特点。为达到这个目的，设计师使用了相同的配色，进而为人物与机甲设计共用的图案，例如"渣客J.Va"（如下页图示）。

大蜜蜂

渣客 J.Va

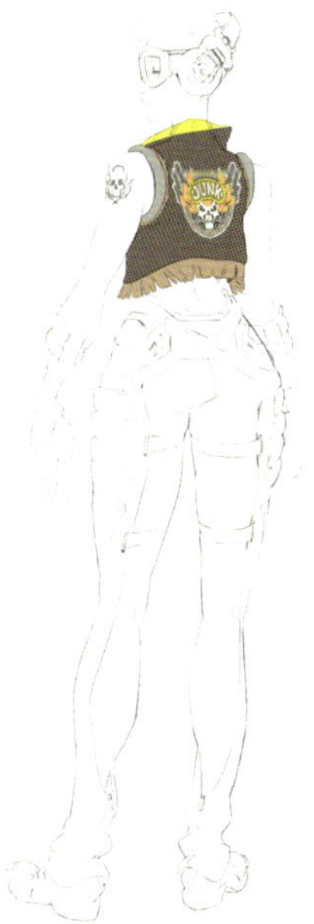

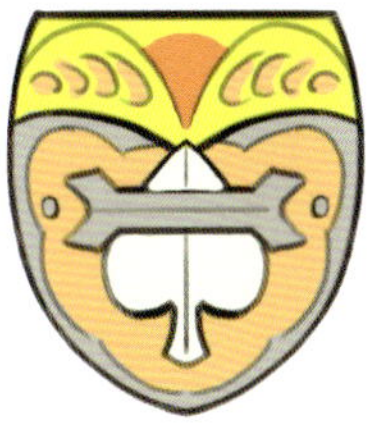

本页画作均出自 JOHN POLIDORA

## 皮肤
# 源氏

大多数"源氏"的皮肤都以他的日本血统为参照，不过也存在例外。"贝都因"（如右图示）表现的是"源氏"早期的生活状态，为了让自己完全接受机械的身躯而云游四方。这款皮肤同时非常契合英雄的身份，因为"刺客"（Assassin）一词源自阿拉伯语，游戏团队为了表达敬意，设计了半月弯刀，也添加了许多中东文化元素。

贝都因

青年源氏

上图：JOHN POLIDORA 和 ARNOLD TSANG　下图：ARNOLD TSANG

## 皮肤
# 半藏

　　设计团队描绘出青年时期的"半藏"（如下右图示）和"源氏"（上页下左图示），旨在深化兄弟间紧密相连的故事性。早期，设计师有意令两人看起来相似，但又有所不同。基于日本弓箭手的造型，他们为"半藏"设计了弓和半袖的服饰，又给了他不同的发色，以此展现兄弟二人鲜明的外观和迥异的个性。

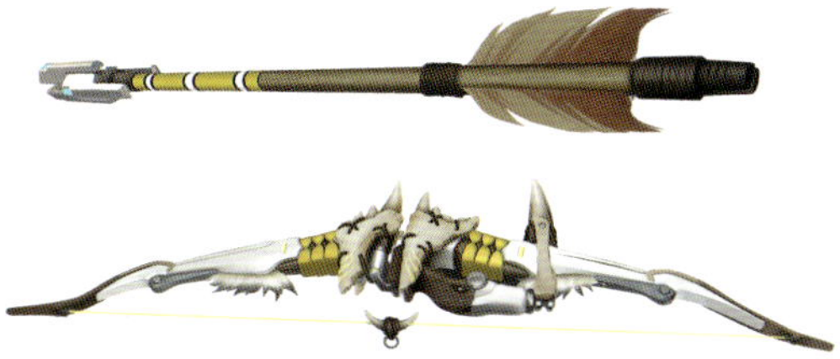

白狼

少主"半藏"

本页画作均出自 ARNOLD TSANG

皮肤

# 狂鼠

制作一个皮肤，可能意味着替换掉人物身上所有的物件，也包括手持的武器和装备。对"狂鼠"而言，设计团队需要为其制作新的"榴弹发射器""震荡地雷""捕兽夹"和"炸弹轮胎"，并使它们都合乎主题。

在设计皮肤时很重要的一点是，新皮肤必须符合人物的性格特征。设计人员时刻不忘在"狂鼠"身上添加疯狂无比的视觉元素，以确保准确塑造出一个四处作乱的狂人形象。

稻草人

小丑

右上图：DAVID KANG 和 ARNOLD TSANG　其余：DAVID KANG

## 皮肤
# 卢西奥

设计团队着重为"卢西奥"设计音乐主题和运动主题的皮肤，例如，在设计"宇宙蛙"（下部左图示）的时候，团队就从电子舞曲中汲取了灵感。这些想法也正符合"卢西奥"的身世背景。"冰球选手"（如右图示）的设计则基于"卢西奥"最爱的运动——曲棍球。

冰球选手

宇宙蛙

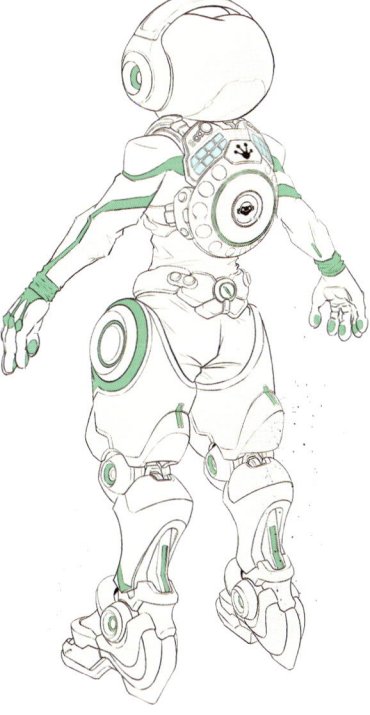

上图：JOHN POLIDORA  下图：DAVID KANG

皮肤
# 麦克雷

在制作皮肤时，游戏团队会经常需要做出判断哪些可以改动，哪些不能改动。在"麦克雷"身上，有些元素是需要保持的，比如他的帽子，以及手枪皮带的位置，因为在游戏中，"麦克雷"会用既定的动作与之互动。

怪客

赌徒

本页画作均出自 JOHN POLIDORA

## 皮肤

# 美

"美"的皮肤设计思路参考了中国情怀和她的技能。在"救援队员"皮肤中,"美"变成了一名消防员,这非常契合她的武器造型和冰冻系的技能(如右图示)。宽大的夹克衫和厚重的靴子刚好能匹配上"美"的基础人物外貌,从而保持了原有的人物剪影轮廓。

救援队员

雪域猎手

本页画作均出自 BEN ZHANG

皮肤
# 天使

　　游戏团队尝试为"天使"设计幻想风格的皮肤，用周身的装饰展现主题，而不只单纯在乎高科技感的特征。"瓦尔基里"（如右图示）的创意来自北欧神话，相传她能够让死去的战士获得重生，并指引他们通向英灵殿的道路。"魅魔"（如下部图示）则是"天使"形象的对立面，尖锐的触角和哥特式气质给人焕然一新的视觉冲击力。

瓦尔基里

魅魔

上图：JOHN POLIDORA　下图：LAUREL AUSTIN

皮肤
# 奥丽莎

在"奥丽莎"的早期设计中，驼背造型和巨大的身躯让她看起来像一只大甲虫。后来，设计团队拉直了她的躯干，使她展现出孔武有力的身姿。不过，初稿的形象后来却被采纳成为"独角仙"皮肤（如图示）的创意。另一款皮肤"守护机甲"（如下部图示）则另辟蹊径，更多地采用了圆滑样式的机械组件，以及全息显示技术。

独角仙

守护机甲

上图：MORTEN SKAALVIK　下图：QIU FANG

皮肤
# 法老之鹰

"天界雷鸟"皮肤（如下图示）源于北美洲西北海岸居住的原住民的形象。除了追求独特的创意设计外，这款皮肤也与英雄自身的多元背景有关——"法老之鹰"的母亲是埃及人，父亲则成长于北美西北海岸的土著部落。

天界雷鸟

机甲女神

"天界雷鸟"肩甲

左图：ARNOLD TSANG　右图：BEN ZHANG

## 皮肤
# 死神

"死神"的"流浪乐手"皮肤中有一顶帽子,这与默认的形象完全不同。开发人员有些担心,如果从远处观察的话,"死神"的外形是否会与"麦克雷"太过相似。最终的结果是,"死神"独特的姿势和游戏内的动作可以让他被轻松地辨认出来,皮肤外观带来的变化反而无足轻重。

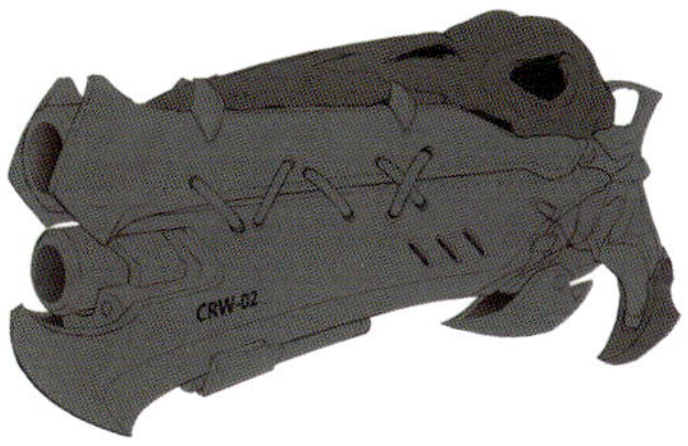

死影铁鸦

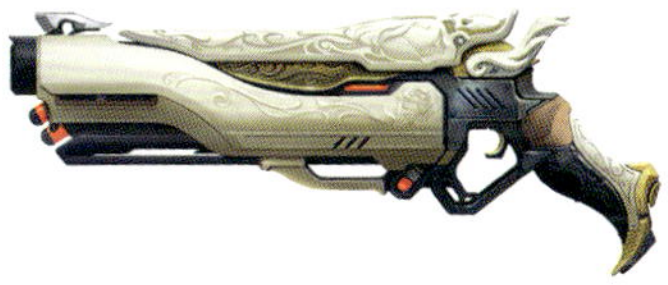

流浪乐手

上图:DAVID KANG 下图:JOHN POLIDORA

## 皮肤
# 莱因哈特

在"莱因哈特"的早期设计中,开发人员一直想着用金色的狮子作为人物的标准外观。虽然最终没能实现这个想法,但设计师并没有抛弃这个创意,他们对金色狮头偏爱有加,于是制作出了"狮心哈特"皮肤(如右图示)。

狮心哈特

黑皇哈特

上图:JOHN POLIDORA 下图:ARNOLD TSANG 和 JOHN POLIDORA

皮肤
# 路霸

当创作的皮肤涉及其他文化的时候，游戏团队往往会特别研究。制作"路霸"的"部族战士"皮肤（如下图示）时，团队事先咨询了一位毛利文身师，确保"路霸"身上的文身图案真实准确。同时还得知，一位毛利战士佩戴的羽毛数量是固定的：三支。这个细节在最终版本里得以更新，体现出皮肤制作的严谨与准确。

部族战士

深海狂鲨

本页画作均出自 JOHN POLIDORA

# 皮肤
# 士兵：76

游戏团队一直想为"士兵：76"设计一款上世纪70年代主题的皮肤，但是每个团队成员对此都有不同的想法。最终，两款博采众长的皮肤脱颖而出："敢死队员：76"（如下部图示）和"特技车手：76"（如右图示）。尽管这两款皮肤造型迥异，但是都参考了上世纪70年代的装饰风格。

特技车手：76

敢死队员：76

本页画作均出自 JOHN POLIDORA

皮肤
# 黑影

游戏团队希望"黑影"的皮肤能够充分体现她的人物特性：智慧、敏捷与冷酷。"骷髅帮"皮肤（如下部图示）恰到好处地做到了这一点。这款皮肤还与"黑影"的人物故事有关，"黑影"曾凭借超凡的黑客技术得到墨西哥骷髅帮的重用。

"黑影"身上的骷髅文身是设计过程中遇到的一个挑战。为了让文身闪闪发光，开发人员不得不调整所用的设计工具，甚至还开发出了新的技术手段。

赛博骇客

骷髅帮

上图：JUNGAH LEE　下图：JOHN POLIDORA

## 皮肤
# 秩序之光

"秩序之光"是费斯卡集团的高级建筑师。为了体现这段故事，设计师特别为她设计了适合在科学实验室里工作的服装。最终版的设计稿经历过多次修改，只为找到与《守望先锋》整体风格匹配的未来感（如下部图示）。

提毗

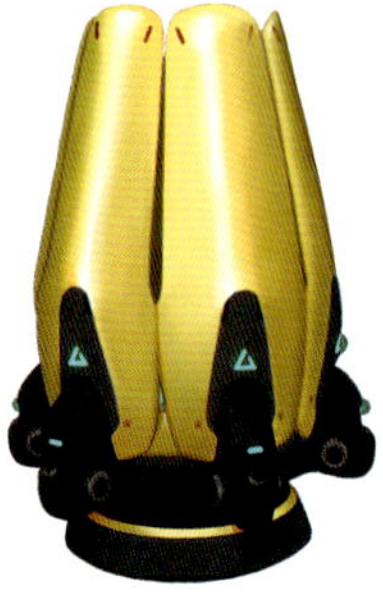

费斯卡

本页画作均出自 JOHN POLIDORA

## 皮肤
# 托比昂

"托比昂"茂密的胡须，矮小的身材，还有独眼眼罩，完美地搭配出了海盗主题的"黑胡子海盗"皮肤（如下部图示）。除了改变人物的衣着，开发人员还关照了"托比昂"背上的船舵，它会在游戏中时不时地旋转起来。

死局打手

黑胡子海盗

皮肤
# 猎空

在为"猎空"设计皮肤时,设计团队觉得上世纪70年代的朋克摇滚风是一个绝好的创意点。跃动的音乐风格非常契合"猎空"生龙活虎的个性,同时摇滚运动的发源地也正是她的家乡——英国。手枪和护手的造型参考了吉他,发型和服饰也都是典型的朋克摇滚风格。

朋克

赛车手

竞速手

右上图:ARNOLD TSANG 其余:DAVID KANG

## 皮肤
# 黑百合

改变"黑百合"的护目镜外观,是一件十分有趣的事情,但也颇具难度。"黑百合"的护目镜是一个动画模块的核心——每当她使用终极技能"红外侦测"的时候,护目镜就会向中间滑动。无论设计团队渴望追求什么皮肤效果,在护目镜的设计和制作上都必须优先考虑人物动画方面的完整性。

黑天鹅

女伯爵

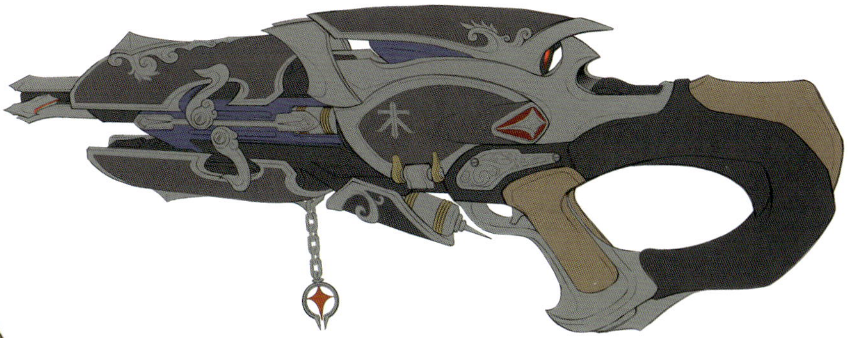

左图:JOHN POLIDORA 右图:JOHN POLIDORA 和 ROMAN KENNEY 右下图:DAVID KANG

皮肤
# 温斯顿

一些英雄适合严肃风格的皮肤,另一些则与轻松愉快风格的皮肤更搭配,比如"温斯顿"。尽管"温斯顿"的许多皮肤趣味十足,但它们还是会符合角色的背景,以遵循设计的初衷。"探险家"皮肤(如右图示)就是一个很好的例子,它把"温斯顿"对知识与冒险的热爱展现得淋漓尽致,也契合了他科学家的形象。

探险家

潜水员

画作:ARNOLD TSANG、JOHN POLIDORA 和 DAVID KANG

## 皮肤
# 查莉娅

设计团队往往根据人物的身世来制作皮肤。对"查莉娅"而言,"西伯利亚前线战士"皮肤(如下部图示)的设计充分反映了她身上的俄罗斯血脉,她曾为保卫家乡而到俄罗斯防御部队参军服役。

工业哥特

西伯利亚前线战士

上图:JOHN POLIDORA  下图:ARNOLD TSANG

皮肤
# 禅雅塔

由于其自身的气质，"禅雅塔"的多数皮肤都被设计成大彻大悟的圣人。据此，设计团队构思了许多主题与创意来塑造"禅雅塔"。不过设计师尤其在意他身上的一个物件——法球。

在游戏中，"禅雅塔"的法球有着复杂的动画效果，因此设计团队尽量避免改变法球的形状，而通过新的纹理和图案来使其与主题统一。

拉神雅塔

火神雅塔

左下图：JOHN POLIDORA 和 ARNOLD TSANG　其余：JOHN POLIDORA Polidora

皮肤
# 守望先锋：典藏版

典藏版的皮肤的设计是游戏团队揭示英雄背景故事的机会。"猎空"的皮肤"滑翔"（如右图示）刻画的是她作为可传送的原型战机试飞员的形象，她的飞行墨镜、夹克衫以及大腿一侧的大口袋，都是对飞行员制服的再现。

不过，最引人注目的装饰要数"猎空"的围巾。这款皮肤描绘的是她戴上"时间加速器"之前的样子，这意味着当她利用"闪现"快速移动的时候，身后不会留下蓝色的能量轨迹。围巾的作用也就在于此，它让"猎空"的对手能够以此来追踪她的行迹。

滑翔

安保女将

画师：ARNOLD TSANG 和 DAVID KANG

战地指挥官莫里森

黑暗守望者莱耶斯

本页画作均出自 JOHN POLIDORA

迷彩堡垒

▶ "黑百合"的"黑寡妇"皮肤
这款皮肤是预购《守望先锋》典藏版的专属奖励。

黑寡妇

右下图：ARNOLD TSANG 其余：DAVID KANG

皮肤
# 风暴英雄

在《守望先锋》发售之后，一些英雄陆续加入了暴雪的另一款游戏——《风暴英雄》。开发人员随即基于两者的主题来设计皮肤，同时还想着与人物的国家设定相匹配。"源氏"的面具（如右图示）设计参考了日本能乐的造型和配色；而"D.Va"的皮肤（如下部图示）则展现的是韩国的警车和警服。

邪鬼

小女警

上图：BEN ZHANG　宝剑：BEN ZHANG 和 ROMAN KENNEY　下图：DAVID KANG

# 皮肤
## 夏季运动会

"夏季运动会"系列皮肤不仅考虑到了英雄的国籍,还专门为他们设计了符合自身个性的运动。在其中一些皮肤的设计中,人物的装束发生了较大的变化。例如"查莉娅"的皮肤(如下图示),每一个细节都带有体育元素——周身的配色采用俄罗斯国旗的颜色,腰带和腿部护具都是专业的举重设备,甚至连手中的粒子炮也挂上了配重铁饼。

足球队员

冠军选手

田径选手

画师:BEN ZHANG 和 JOHN POLIDORA

皮肤
# 守望先锋：万圣夜惊魂

为响应"万圣夜惊魂"的活动主题，开发人员借鉴蒸汽朋克和经典恐怖美学，创作了诸多故事和皮肤。游戏中的故事讲述的是一位名叫"弗兰狂斯鼠"的疯狂科学家（如下部图示）复活了一个可怕的怪物（下页顶部图示）。游戏团队为这两款皮肤赋予了相似的风格，一边为"狂鼠"设计了特斯拉线圈，一边为"路霸"设计了巨型的仪表盘，使之与怪诞的故事情节相吻合。

无头死神

弗兰狂斯鼠博士

本页画作均出自 BEN ZHANG

弗兰狂斯鼠的怪物

窈窕女巫

本页画作均出自 JOHN POLIDORA

## 皮肤
# 雪国仙境

"雪国仙境"主题活动让设计师以轻松活泼的视角和节日气氛来重新塑造英雄们的形象,其中一个重要的部分就是为角色设计武器。

《守望先锋》是一款第一人称射击游戏,玩家总能看见人物所持的武器,正因如此,每一把手枪、散弹枪或长锤都是英雄皮肤的延伸。

例如在"温斯顿"的皮肤中(如下图示),开发人员为其设计了外形别致的武器:木板、胶绳以及废弃的电器被随意地拼接在一起,这些物品都是"雪域怪兽"闲逛时偶然发现的。

圣诞精灵

雪域怪兽

胡桃夹子

右下图:ARNOLD TSANG 其余:DAVID KANG

铁甲圣诞老人

▶ "鲍德里奇" 皮肤

在2016年科隆国际游戏展上,开发团队公布了新地图"艾兴瓦尔德","莱因哈特"的新皮肤(如右图示)也首次亮相,其中的铠甲曾属于"莱因哈特"的前任指挥官——鲍德里奇。

上图:BEN ZHANG 炮台:DAVID KANG 下图:JOHN POLIDORA

鲍德里奇

## 皮肤
# 金鸡鸣春

大多数"金鸡鸣春"皮肤的设计灵感源自中国民俗中的人物形象,"美"的"嫦娥"皮肤(第232页下部图示)就是其中之一,这是一位居住在月宫中的仙女。除了改变人物的外形,设计团队还重新设计了"雪球"的外观,把它变成了陪伴"嫦娥"的月兔。

旧正机甲

三藏

上图:DAVID KANG 下图:BEN ZHANG 和 ARNOLD TSANG

悟净

八戒

本页画作均出自 BEN ZHANG

悟空

嫦娥

上图：BEN ZHANG  下图：BEN ZHANG 和 DAVID KANG

## 皮肤
# 国王行动

与典藏版皮肤相似,设计师为"国王行动"设计的皮肤旨在给玩家一次回溯英雄经历的机会,尤其是那些对英雄而言至关重要的人生转折点。其中,"源氏"的皮肤设计是一个最典型的例子。在生死对决中,"源氏"差点儿被自己的哥哥"半藏"杀死,但守望先锋将其救下,并给了他机械化的身躯改造(如下图示)。曾经誓死要与之对抗的机械,如今却成了自己身体的一部分,"源氏"心中的愤怒与怨恨难以平息。

在为这段"源氏"的故事设计皮肤的时候,设计师通过对外观的刻画来表达人物心中躁动不安的情绪。角色的护甲看上去像是多种部件的杂合,象征着英雄面对自己样貌时内心的迷茫与挣扎,贯穿始终的红色装饰也突出强调了人物身上无法抑制的狂躁。

黑爪

黑暗守望者

▶ "黑百合"的"黑爪"皮肤

开发人员基于漫画《传承》中的"黑百合"形象,绘制出了"黑爪"皮肤(如上图示)的早期设计图。不过这与"黑百合"默认的外观过于相似,于是游戏团队最终简化了"黑爪"皮肤的部分设计,去掉了她的头盔,同时改变了头发的颜色。

上图:BEN ZHANG 和 DAVID KANG  左下图:ARNOLD TSANG  右下图:DAVID KANG

皮肤 » 守望先锋艺术设定集  233

首席工程师林德霍姆

铁甲工程师

左上图：BEN ZHANG 和 MORTEN SKAALVIK  左上图：ANH DANG  下图：BEN ZHANGBEN ZHANG

学员奥克斯顿

黑暗守望者

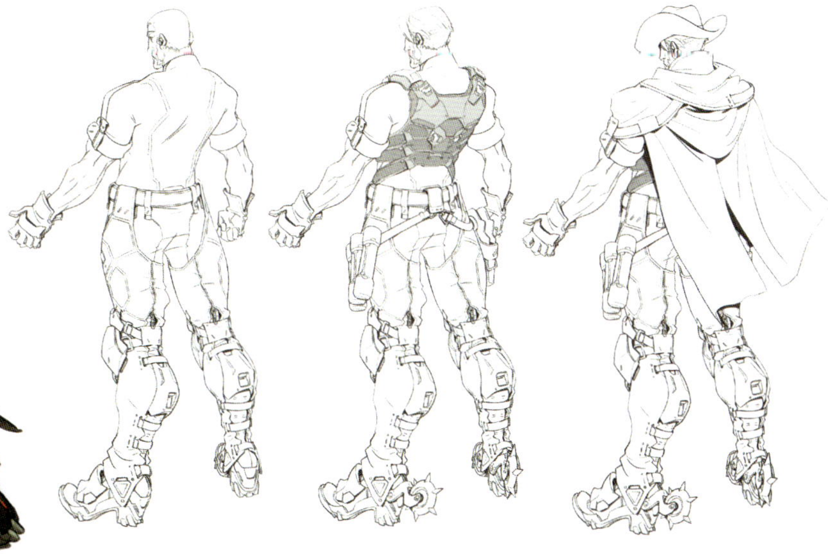

上图：ANH DANG　下图：JOHN POLIDORA

皮肤 » 守望先锋艺术设定集

战地医生齐格勒

归零战甲

画师：JOHN POLIDORA、ARNOLD TSANG、ANH DANG 和 QIU FANG

皮肤
# 守望先锋：周年庆

对于数字朋克，很多《守望先锋》的设计师有着极大的热情。在《守望先锋》周年庆的活动中，设计人员把这些脑海中的创意——实现，制作出许多风格完整的皮肤，比如"强化士兵：76"（第241页下右图示）、"绿洲"（如右图示）、"机械战士"（第238页下左图示）和"战队超人"（第241页上左图示）。

很多皮肤中多多少少融入了一些未来式设计，而且彼此之间特征鲜明。"绿洲"是"秩序之光"的皮肤，它保持了与地图"绿洲城"一致的设计风格，平滑的流线造型喷涂着金黄的色调，完美体现了伊拉克高科技城市的韵味。许多印度文化的印记也被纳入其中，莲花花瓣的样式恰当地出现在了"秩序之光"的光子发射器、护甲和衣服上。

绿洲

贝都因族

画师：DAVID KANG、BEN ZHANG 和 MORTEN SKAALVIK

战队超人

机械战士

上图：ANH DANG 下图：QIU FANG

左图：QIU FANG  右图：JOHN POLIDORA

爵士舞者

养蜂小美

左图：QIU FANG  右图：MORTEN SKAAVIK

强化士兵：76

赛博忍者

左图：HICHAM HABCHI 右图：ARNOLD TSANG 和 DAVID KANG

# 喷漆

在开发的早期,《守望先锋》团队就计划着在游戏中加入各式各样的喷漆。允许玩家在地图任何角落留下自己的记号是一件极其有趣的事情,这也是第一人称射击游戏约定俗成的惯例。尤其是在《守望先锋》中,喷漆可以作为激励玩家的奖励,同时给了设计人员充足的空间来展现人物魅力,以及揭示英雄背后鲜为人知的故事。

## 喷漆
# 安娜

有些喷漆取材自人物不同的皮肤,有些描绘着与人物有关的物象。少数喷漆,例如伯劳鸟的图案(第二行第三个),则两者兼具。

这只鸟来自"安娜"的家乡——埃及,名字与"安娜"的一款皮肤相同。鸟背上的花纹是一种阿拉伯书法,写的是"伯劳"二字,体现了一种风格化的设计。

画师:ANH DANG、ARNOLD TSANG 和 JOHN POLIDORA

## 喷漆
# 堡垒

画师：AQUATIC MOON、PAUL WARZECHA、DAVID KANG、ARNOLD TSANG、BEN ZHANG 和 BLACK ZEBRA STUDIO STUDIO

## 喷漆
# D.Va

"可爱又致命"风格（如右上图示）的喷漆每个英雄都拥有一款。设计团队非常喜爱这些图画，既保留了人物各自的独特性格，也不乏轻松诙谐的气氛。

画师：ARNOLD TSANG、JOHN POLIDORA、DAVID KANG 和 SAMANTHA RUSSO

**喷漆**

# 半藏

根据许多玩家的意见,游戏团队创造了一些融合多角色特征的喷漆,比如"源氏"与"半藏"的阴阳太极符(如下左图示)。

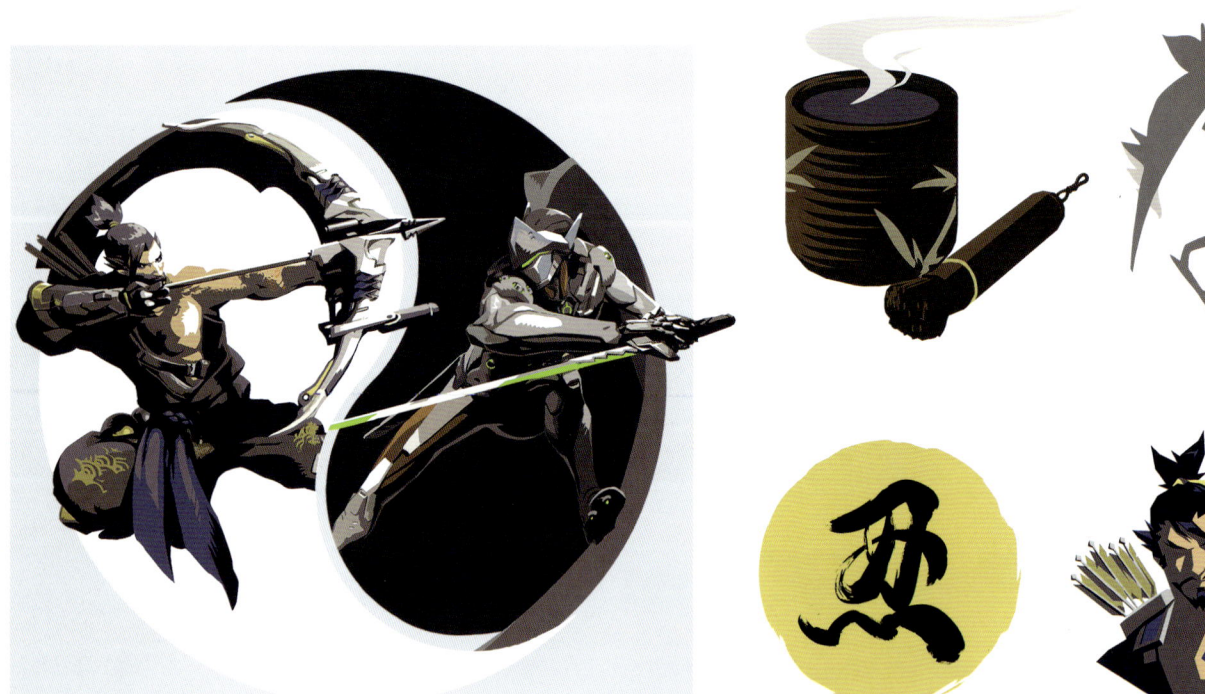

画师:BEN ZHANG、JOHN POLIDORA、BLACK ZEBRA STUDIO、ARNOLD TSANG 和 POWERHOUSE

# 喷漆
## 狂鼠

画师：JOHN POLIDORA、DAVID KANG、BEN ZHANG、AQUATIC MOON、PUAL WARZECHA 和 JOSHUA MANNING

喷漆
# 卢西奥

每一个《守望先锋》英雄都有着自己的独特配色，比如"卢西奥"的绿色和黄色。设计人员围绕这些关键色来绘制英雄的喷漆，使其既容易识别，又关联紧密。

画师：ANDREW ERICKSON、JOHN POLIDORA、DAVID KANG、BEN ZHANG、ARNOLD TSANG 和 AQUATIC MOON

喷漆

# 麦克雷

画师：ARNOLD TSANG、BEN ZHANG、JOHN POLIDORA 和 AQUATIC MOON

# 喷漆
## 美

"美"的日记喷漆（如下右图示）与她的背景故事有关，日记里的其他页在地图"生态监测站：南极洲"里可以找得到，那是"美"曾经居住过的地方。

画师：BEN ZHANG、ARNOLD TSANG、JOHN POLIDORA 和 ANH DANG

# 喷漆
## 天使

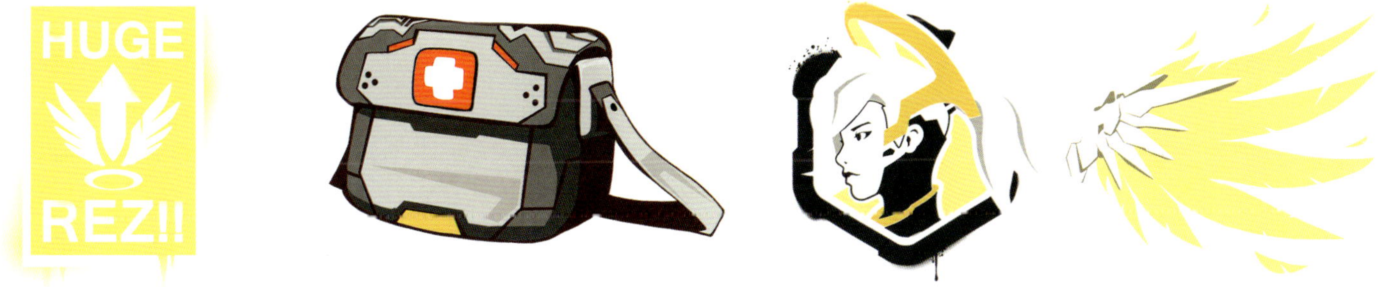

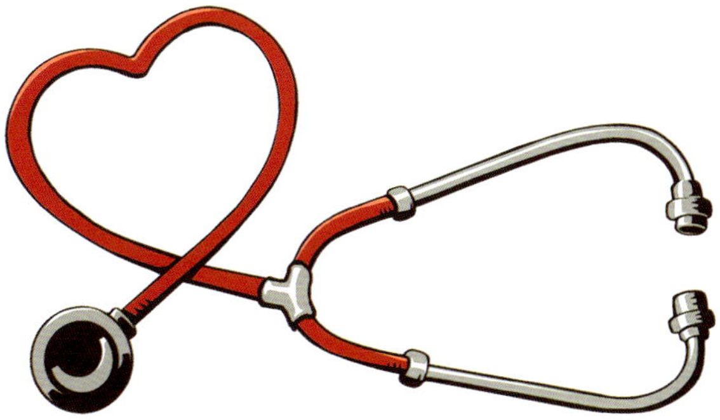

画师：BEN ZHANG、AQUATIC MOON、JOHN POLIDORA、ARNOLD TSANG 和 DAVID KANG

喷漆
# 奥丽莎

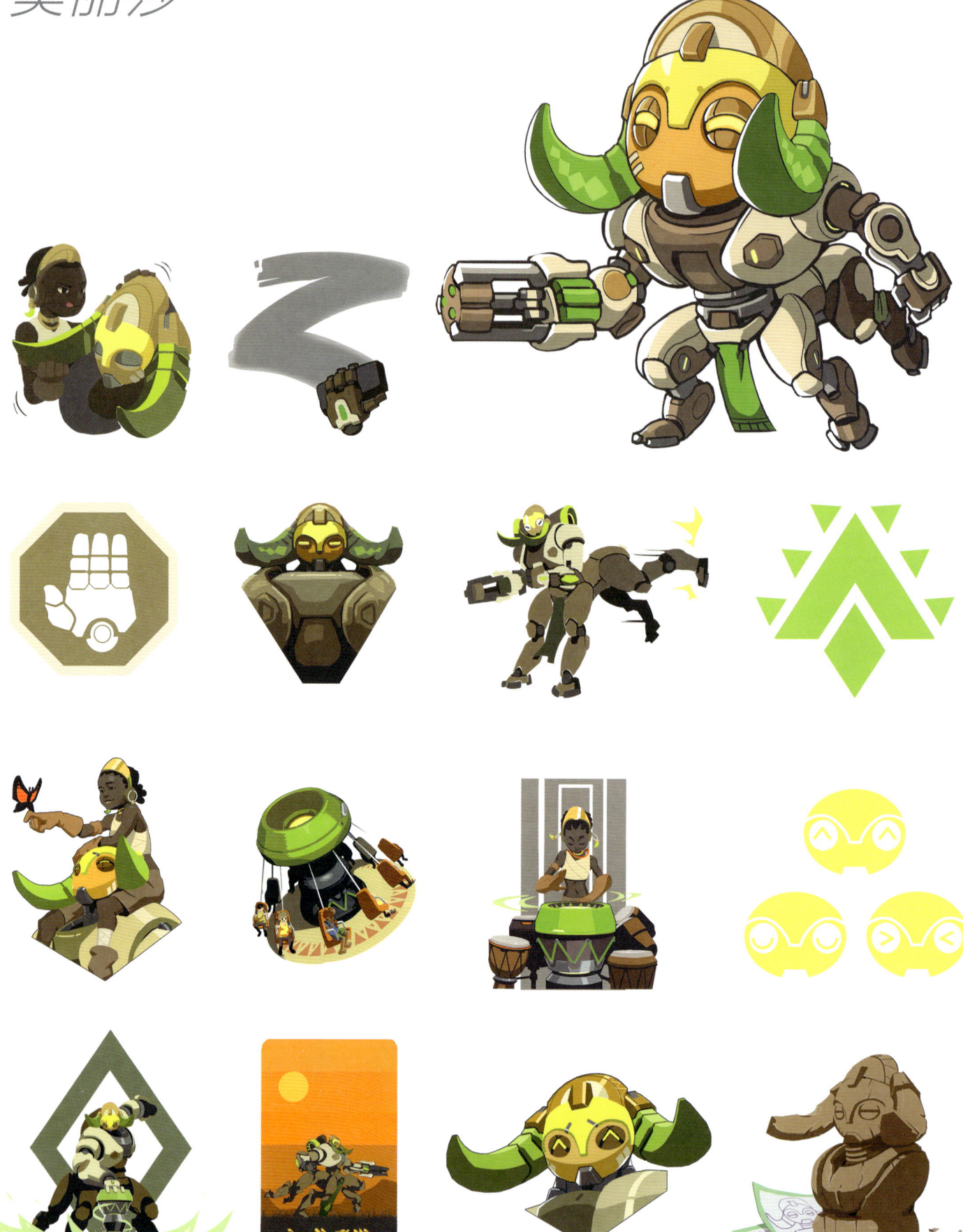

画师:ANH DANG 和 MORTEN SKAAVIK

喷漆
# 法老之鹰

在确定喷漆设计的美术原则时，游戏团队想到了像素风格（第一行第一个），旨在以风趣的形式向影响过他们的老一代游戏表达敬意。像素画要求设计团队用有限的色彩搭配，绘出人物的简化形象，让游戏中的玩家一目了然。

画师：ARNOLD TSANG、JOHN POLIDORA、AQUATIC MOON 和 DAVID KANG

喷漆
# 死神

大多数喷漆有着简洁的轮廓，而"死神"的喷漆却有些不同。游戏团队特意采用了硬朗的涂鸦风格，以此来彰显"死神"无序且难以捉摸的人物个性。

画师：MARTIN OCEJO、DAVID KANG、JOHN POLIDORA 和 BEN ZHANG

喷漆
# 莱因哈特

画师：BEN ZHANG、JOHN POLIDORA 和 ARNOLD TSANG

喷漆
# 路霸

画师：AQUATIC MOON、BEN ZHANG、ARNOLD TSANG 和 JOHN POLIDORA

**喷漆**

# 士兵：76

游戏团队经常透过一些小细节，在喷漆中融入角色的身世背景。莫里森的墓碑（第一行第一个）曾在"士兵：76"的故事片里出现过，揭示了他前半生的悲伤往事。

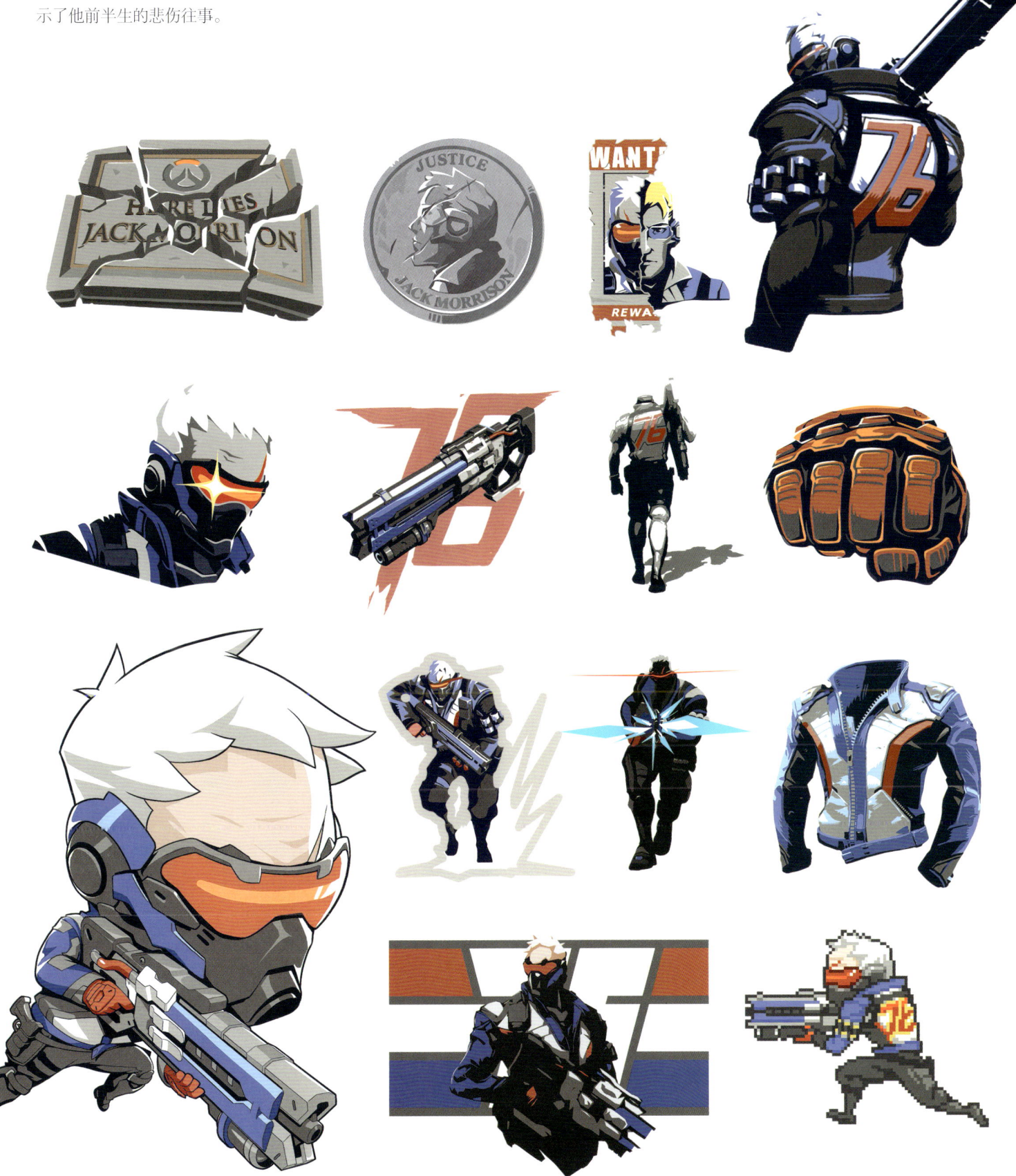

画师：JOSHUA MANNING、JOHN POLIDORA、AQUATIC MOON、ARNOLD TSANG 和 MARTIN OCEJO

喷漆
# 黑影

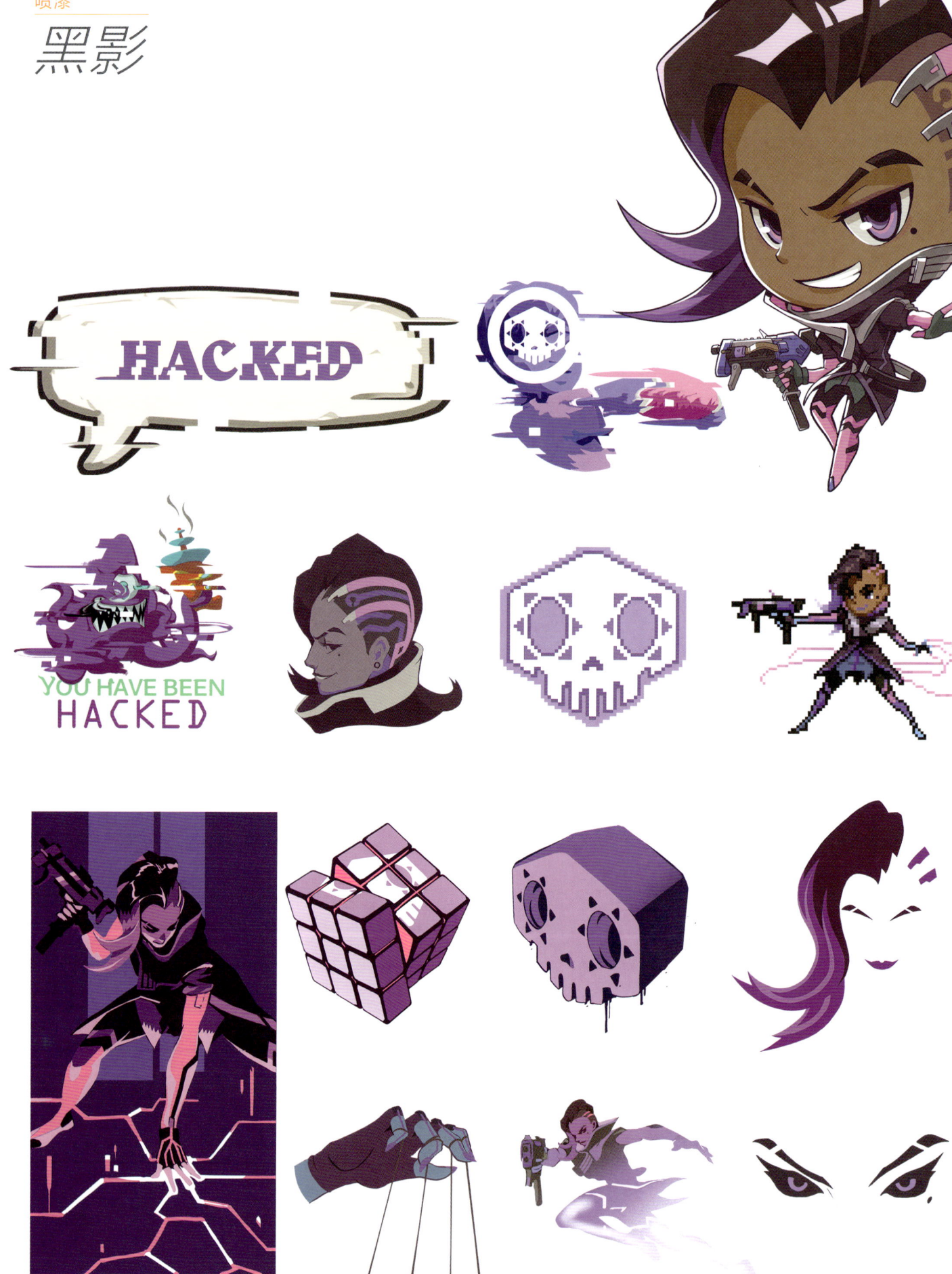

本页画作均出自 ANH DANG

喷漆

# 秩序之光

除了在喷漆设计中融入英雄的故事，设计团队还尝试着用喷漆来展现角色的技能和装备，比如盛开的莲花（如右下角图示）就象征着"秩序之光"放置的传送面板。

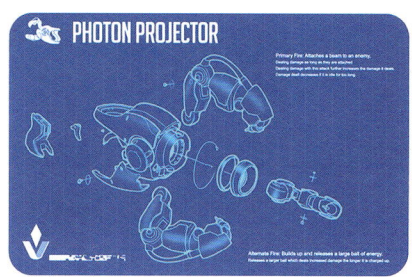

画师：JOHN POLIDORA、BEN ZHANG 和 ARNOLD TSANG

喷漆
# 托比昂

画师：JOHN POLIDORA、DAVID KANG、ARNOLD TSANG、BEN ZHANG 和 BLACK ZEBRA STUDIO

### 喷漆
# 猎空

最初设计喷漆的时候,游戏团队选择了"猎空"作为尝试的对象。设计师们绘制了不计其数的喷漆画:装备、武器、贴花、图标……几乎无所不包。经过反复评审,他们最终发现最有力的表现方式就是展现"猎空"自己。

从那时起,游戏团队定下了喷漆的整体绘制方向:从正面或侧面突出英雄人物的形象,无论是全身绘制(第四行第二个),还是独特的创意(第二行第四个)。

画师:ARNOLD TSANG 和 POWERHOUSE

喷漆
# 黑百合

画师：ARNOLD TSANG、JOHN POLIDORA、DAVID KANG、BEN ZHANG、NICK CARVER 和 BLACK ZEBRA STUDIO

## 喷漆
# 温斯顿

一部分"温斯顿"的喷漆取材自动画短片《归来》，比如合影照片（第一行第二个）、图形符号（第二行第二个）、地球的风景（第三行第二个）以及海报（第三行第三个）。它们都是动画短片中出现过的物品或场景。

画师：ARNOLD TSANG、BLACK ZEBRA STUDIO、DAVID KANG、AQUATIC MOON 和 BEN ZHANG

## 喷漆
# 查莉娅

《守望先锋》的英雄来自世界各地,开发人员用游戏人物的母语设计的喷漆(第一行第二个)足以展现出这种多元性。这些在喷漆中展示的文字,是不会被翻译成其他语言的,以此突出人物的国籍属性,同时也避免了游戏本地化中的不必要麻烦。

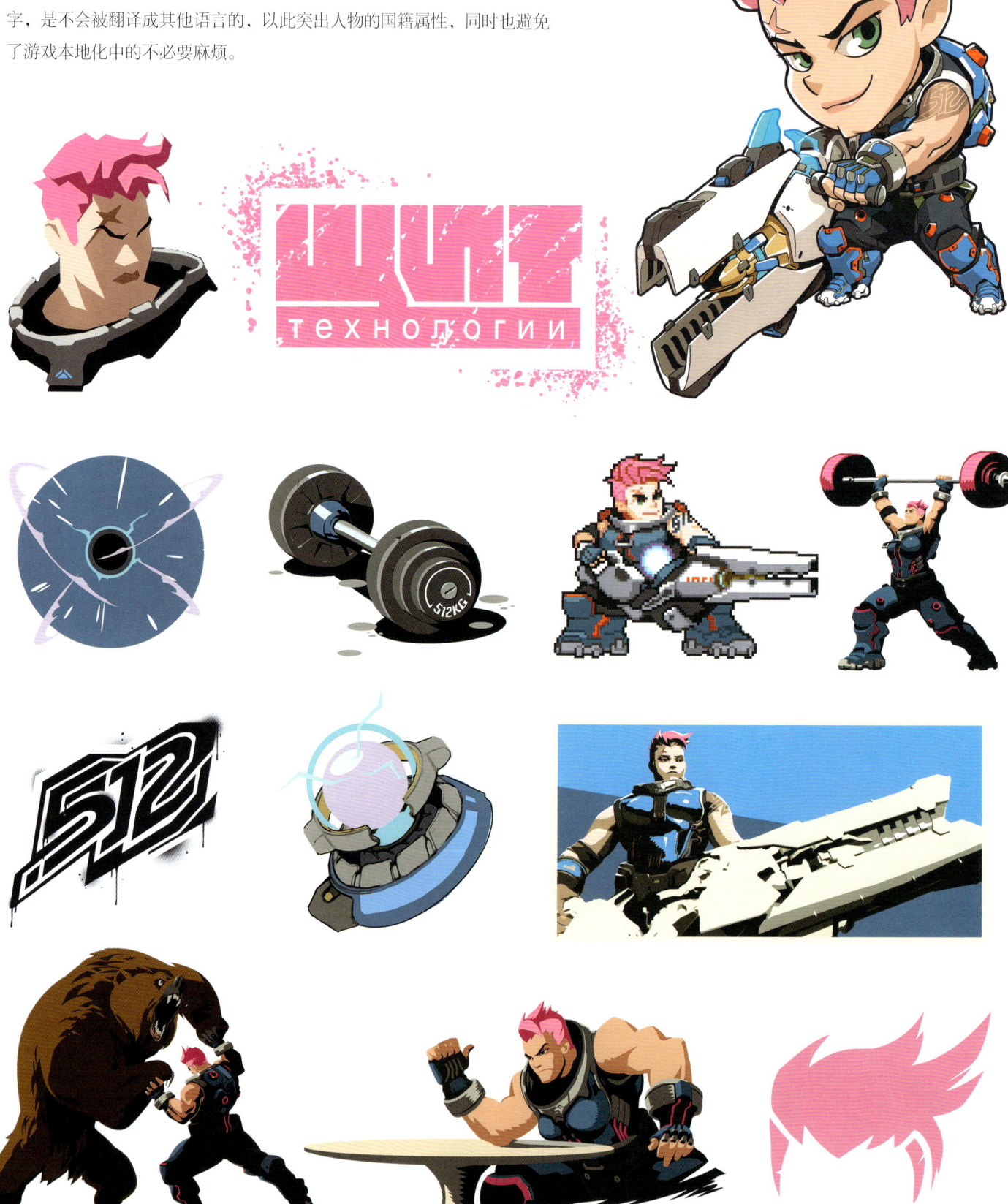

画师:NICK CARVER、JOHN POLIDORA、ARNOLD TSANG、BEN ZHANG 和 RANDAL DUMORET

喷漆
# 禅雅塔

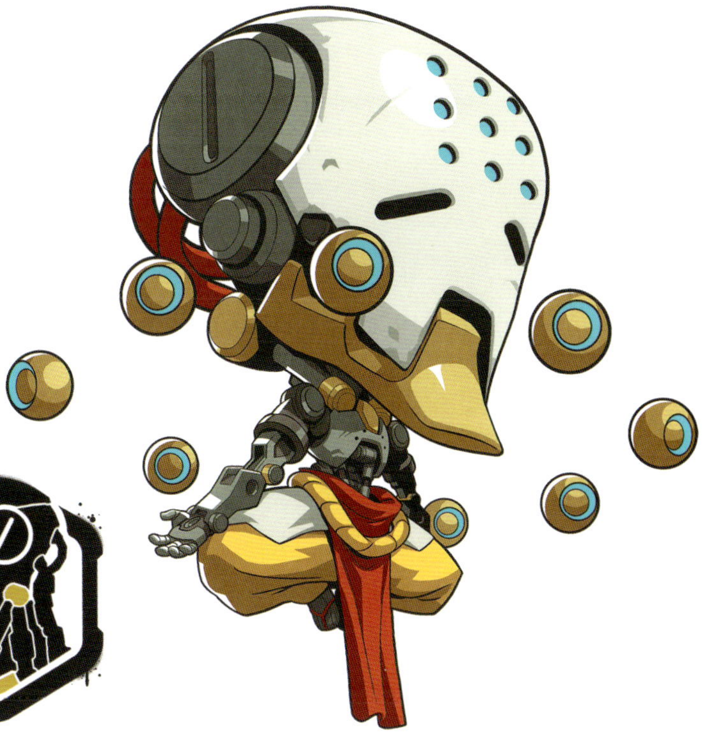

画师：ARNOLD TSANG、JOHN POLIDORA、BEN ZHANG、NICK CARVER、BLACK ZEBRA STUDIO、ANH DANG 和 MARTIN OCEJO

喷漆 » 守望先锋艺术设定集

喷漆
# 夏季运动会

画师：ANDREW ERICKSON、ANH DANG、SAMANTHA RUSSO、AQUATIC MOON 和 ARNOLD TSANG

喷漆

# 守望先锋：万圣夜惊魂

节日活动给了游戏团队尝试新想法的机会，喷漆的风格不再局限于以往，比如"万圣夜惊魂"中就有许多别具一格的喷漆。英雄们被改造成了小孩的模样，同时采用的配色也有别于原始的主题色。

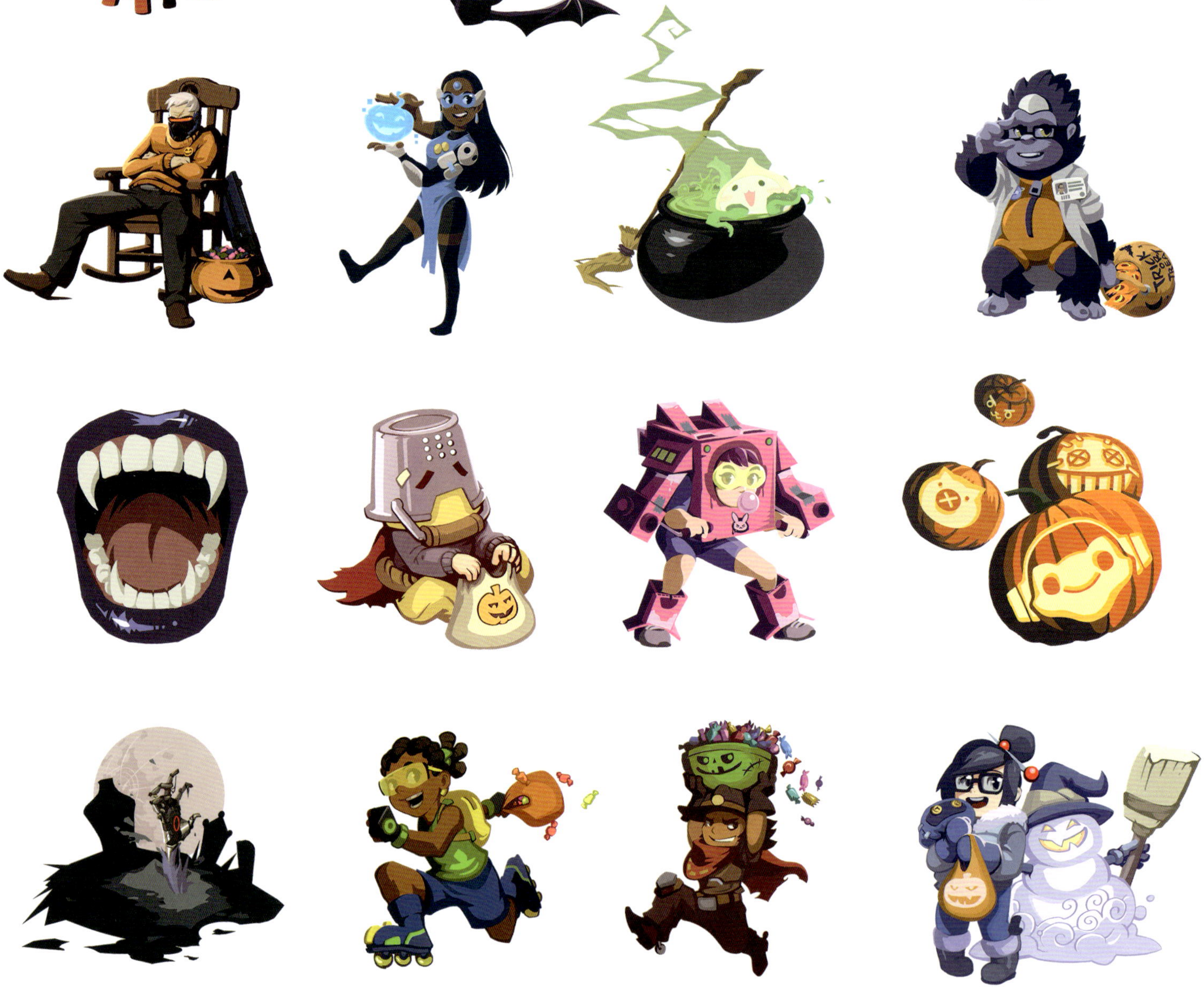

画师：AQUATIC MOON 和 SAMANTHA RUSSO

喷漆
# 雪国仙境

在第一次"雪国仙境"活动里，游戏团队把一个个英雄形象设计成挂在树上的节日装饰品（如下页图示）。这样的创意不但赋予了英雄们风趣的样貌，还促进了玩家之间的互动交流。设计人员还设计了圣诞树喷漆，玩家们可以挂上自己喜欢的人物玩偶或其他节日装饰。

画师：AQUATIC MOON 和 ANH DANG

喷漆
# 金鸡鸣春

在游戏团队中，有几位设计师来自有着欢庆"农历新年"的传统的国度，他们热切地将"金鸡鸣春"活动当作一次宣扬传统文化的机会，创作了很多有意思的节日喷漆。

画师：DAVID KANG、QIU FANG、BEN ZHANG、ARNOLD TSANG 和 ANH DANG

画师：BEN ZHANG 和 AQUATIC MOON

**喷漆**

# 国王行动

　　"国王行动"的故事与多位英雄人物有关，因此活动的喷漆也同样展现了英雄身上曾经发生的故事，甚至还记录了某些令人动容的时刻，比如"安娜"一家三口的温馨团聚（第一行第一个）。另外，在此之前，暴雪为英雄"黑影"的公布设计了一个虚拟现实猜谜游戏，而浓缩咖啡机喷漆（第二行第一个）就是藏在其中的一个有趣的彩蛋。

画师：AQUATIC MOON 和 ANH DANG

喷漆

# 守望先锋：周年庆

在《守望先锋》发售之前，设计师曾为"麦克雷"绘制过一款扑克牌主题的喷漆。游戏团队非常喜欢这个创意，并尝试着按照扑克牌的风格创作其他英雄的简画。

不过，团队最终还是暂缓了这组喷漆的面世。后来，在经历了一周年的风风雨雨后，设计团队希望做个小总结，于是就想到了这组扑克牌喷漆，经过修饰与再度创作，终于使其呈现在玩家面前。

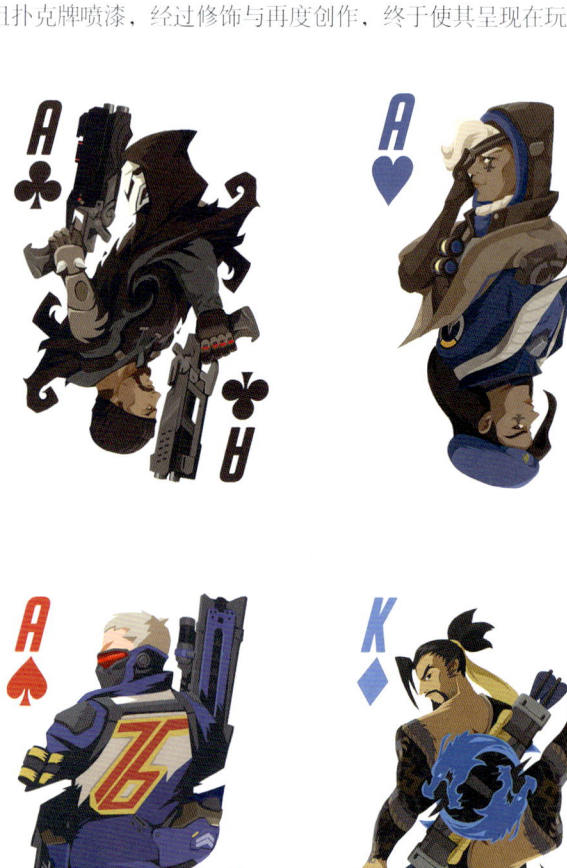

画师：AQUATIC MOON 和 ANH DANG

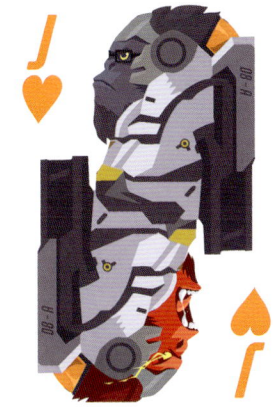

# 头像

《守望先锋》团队在制作玩家头像时所用的方法与设计喷漆相似,关键就是保证图案的精致与简练。因为头像的尺寸很小,所以必须做到能让人瞬间理解图案的含义。因此,设计师们一般尽可能地减少颜色的混合或渐变,采用具有强烈视觉特征的形象来表达意义。

头像
# 综合类

画师：ARNOLD TSANG、BEN ZHANG、DAVID KANG 和 ANH DANG

## 头像
# 英雄类

头像
# 英雄类 · 续

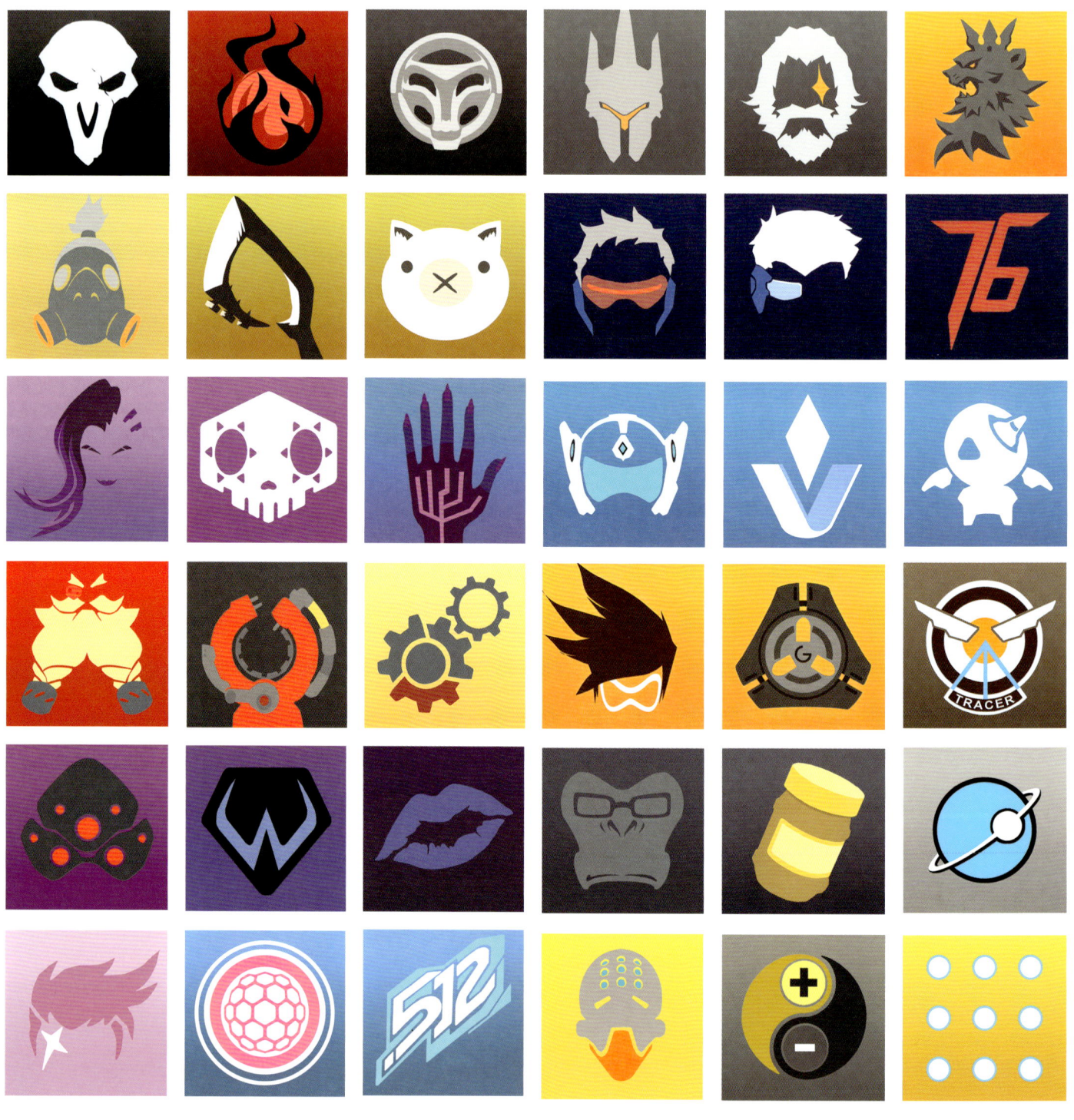

画师：BEN ZHANG、ARNOLD TSANG、DAVID KANG 和 ANH DANG

# 头像
## 活动类

夏季运动会

画师：SAMANTIHA RUSSO、ARNOLD TSANG 和 ANH DANG

万圣夜惊魂

雪国仙境

金鸡鸣春

画师：ANH DANG 和 SAMANTHA RUSSO

金鸡鸣春·续

暗黑破坏神　　　魔兽世界　　　星际争霸

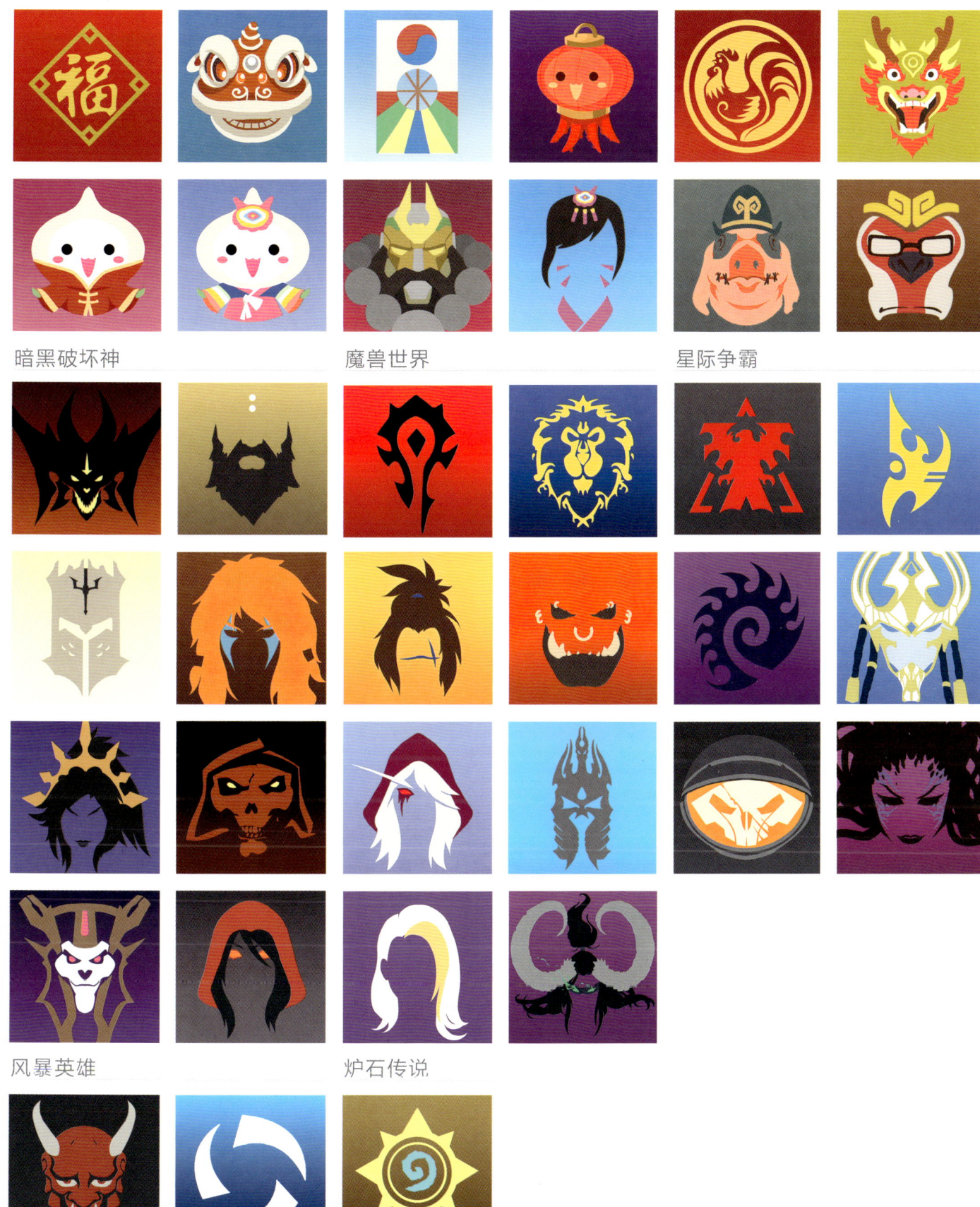

风暴英雄　　　炉石传说

画师：ANH DANG、BEN ZHANG、ARNOLD TSANG 和 AQUATIC MOON

# 动画短片

每个英雄的背后都有一个值得述说的故事。关键在于，如何讲好这个故事。

在《守望先锋》问世之前，开发人员与暴雪创意部门深度交换过意见，后者负责暴雪旗下所有动画及电影的艺术指导。热烈的讨论激发出了许多灵感，尽管并非每个人的想法都能得到实现，但开发团队还是希望走一条暴雪之前从未走过的路。双方通力合作，希望打破宣传动画的传统制作思路，推出了一系列与剧情相关的动画剧集。每一集动画都会聚焦一个（或多个）英雄，展现他们在面对困难时所表现出的顽强精神，以及令人感动的成长轨迹。

既要保证动画的美术风格与游戏高度一致，又要将《守望先锋》的故事剧情在前所未有的微观视角上展开，这些动画短片的制作对暴雪和游戏团队而言，可谓是一次前无古人的艰难挑战与大胆尝试。

# 预告片

　　这部短片是《守望先锋》在大众面前的首次亮相，因此突出游戏中充满希望的精神和浓郁的未来感成了重中之重，成功的关键就在于影片中博物馆形象的塑造。游戏团队和动画师们反复地修改，直到确定最佳方案（如下图示）：流线型的建筑结构，现代感的科技环境，充足的自然光透过巨大的玻璃屋顶洒向地面，无垠而湛蓝天空在远处若隐若现。

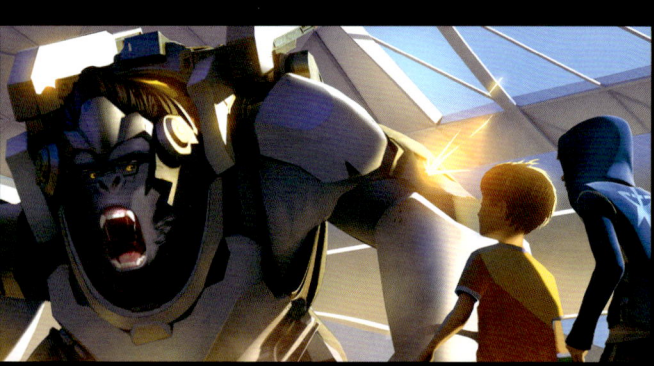

"黑百合"
红外侦测护目镜

"黑百合"
的表情组图

"猎空"
的表情组图

上图：ROMAN KENNEY　下图：CHRIS HA

▶ 人物设计

设计师决意在两个男孩身上采用不同的配色,鲜明的色彩差异展现出兄弟二人的性格差别:一位开朗活泼富有激情,一位玩世不恭愤世嫉俗。

画师:ARNOLD TSANG 和 STEPHANE BELIN

男孩蒂米的
表情组图

男孩布莱恩
的表情组图

本页画作均出自 CHRIS HA

### ▶ 人物设计

在短片创作的过程中，游戏团队和影片画师都很担心博物馆保安的形象过于滑稽。在最终的版本里，保安被设计成斜躺在椅子上的姿势，使得一些原本在设计图中出现的喜剧特点没有被展示出来。

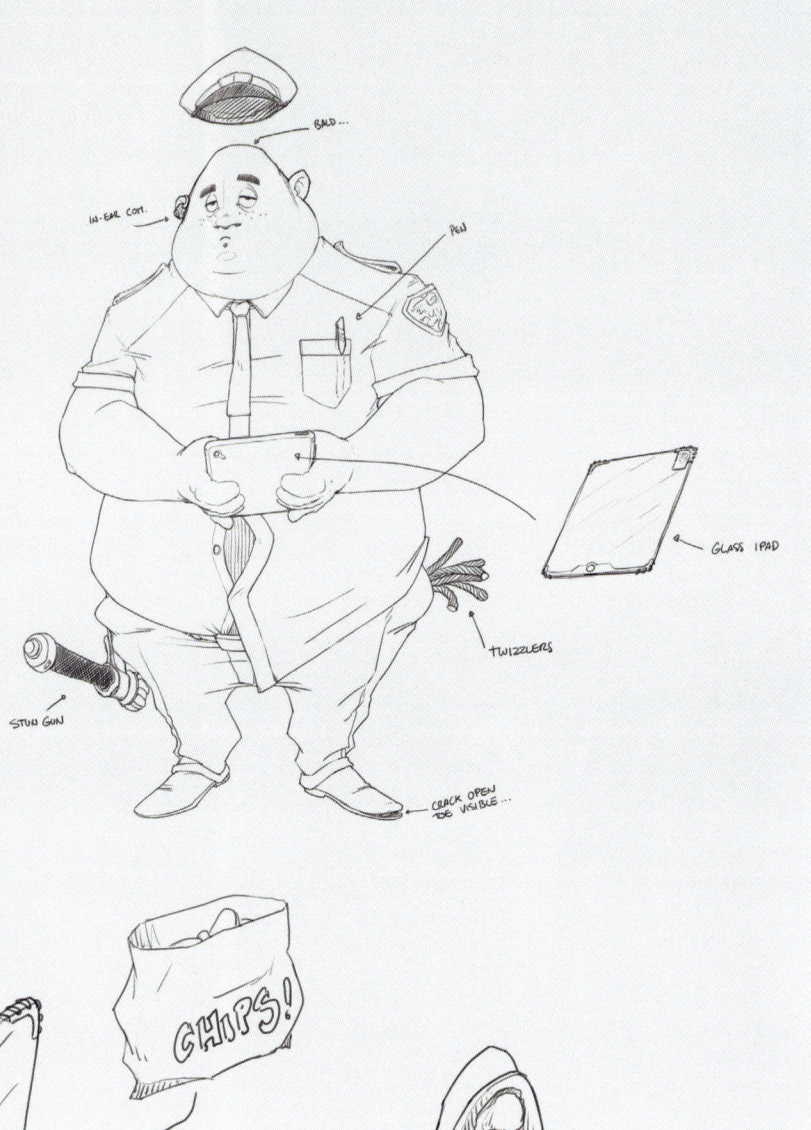

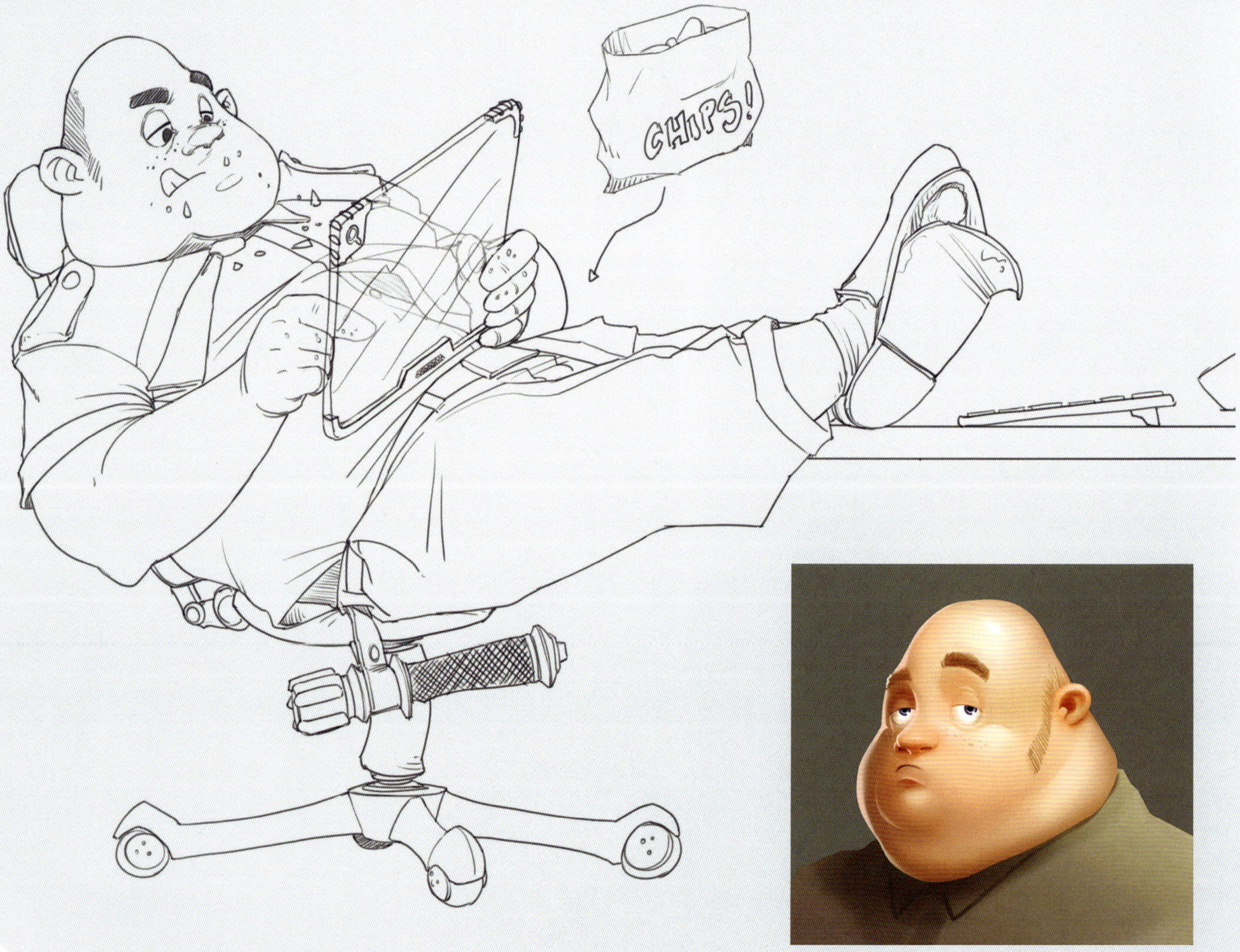

左图：CHRIS HA　右图：CHRIS HA 和 STEPHANE BELIN

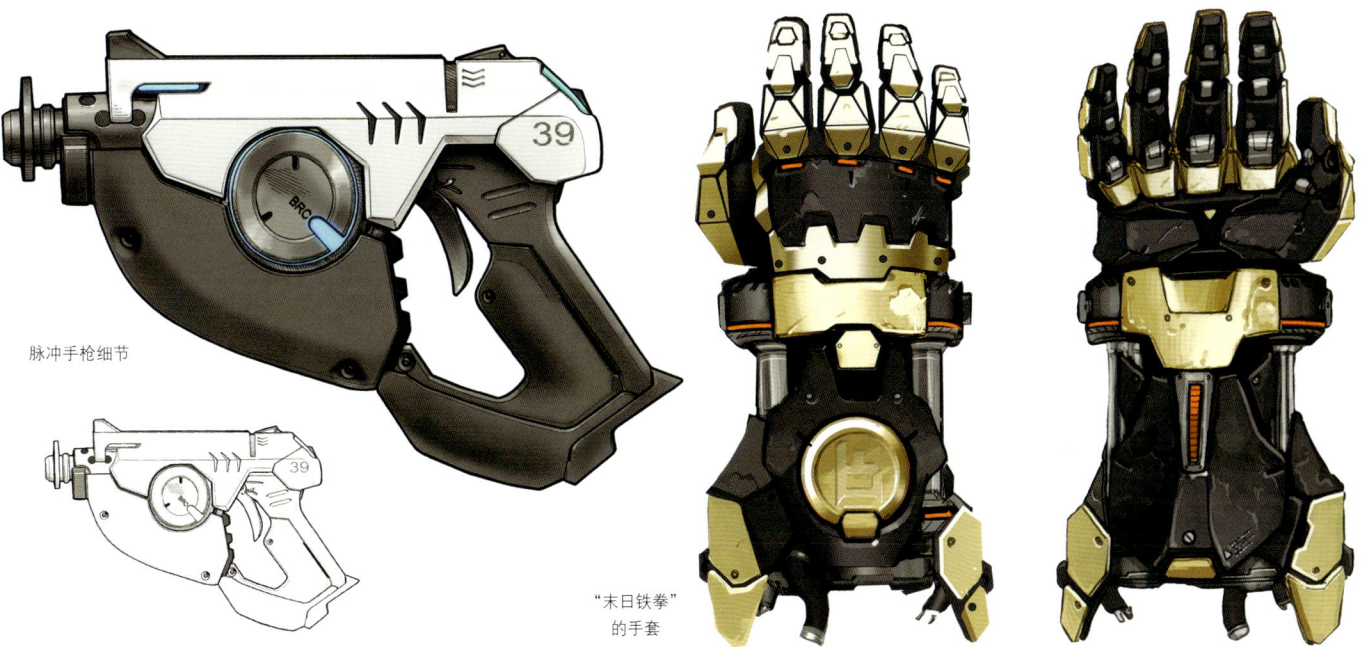

脉冲手枪细节

"末日铁拳"的手套

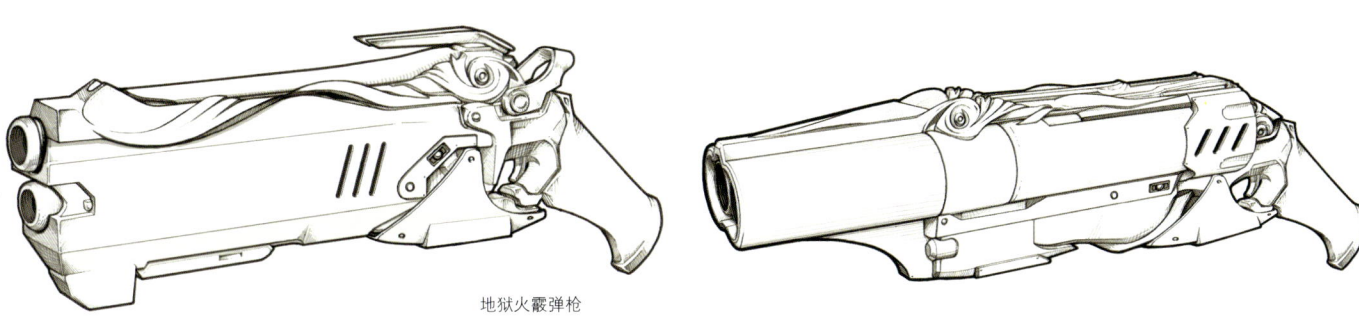

地狱火霰弹枪

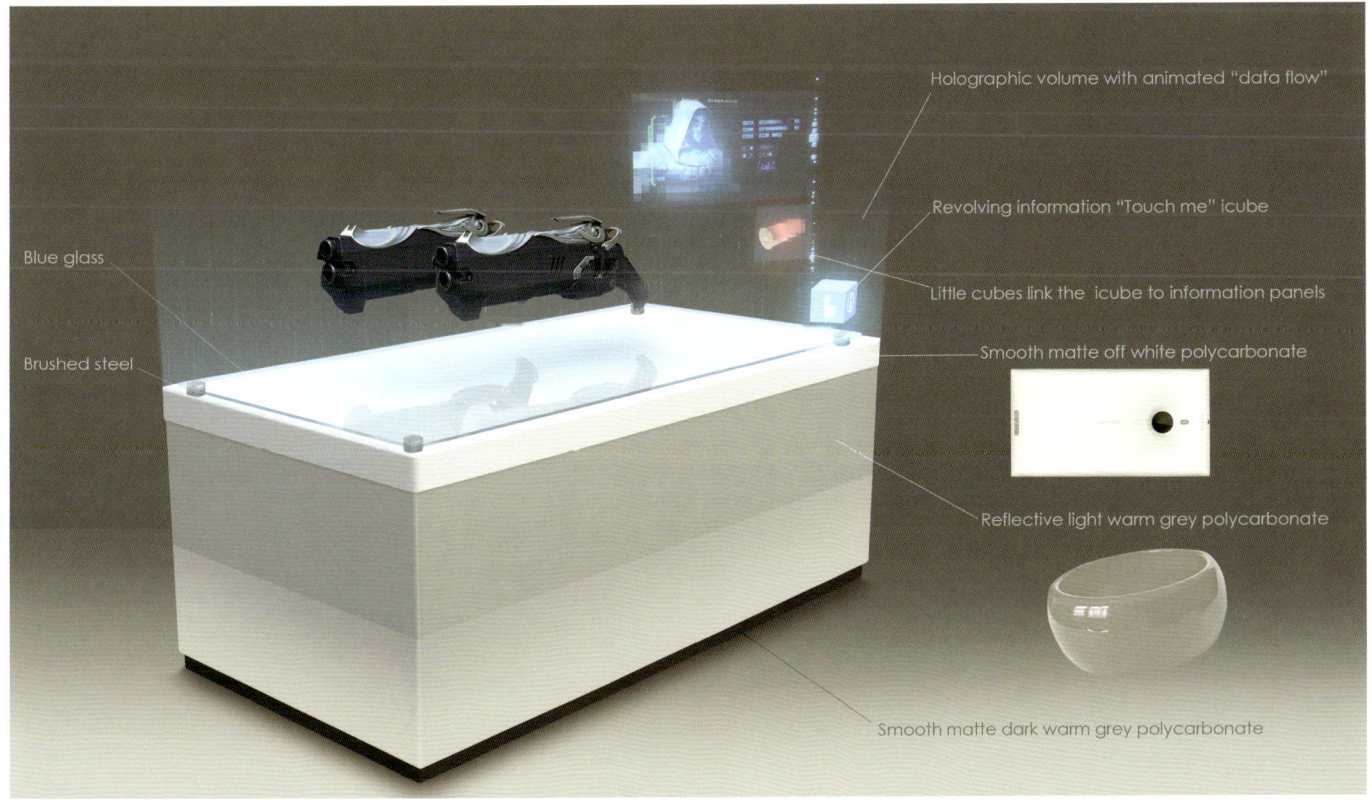

展示台

画师：ROMAN KENNEY、STEPHANE BELIN 和 ARNOLD TSANG

## ▶ 光效设计

短片中,"温斯顿"绞尽脑汁地修改着他的广播稿。制作人员通过调光来表现时间的迁移(如下图示):故事开始在早上,随着光线的变化,最终进入黑夜。

动画短片

# 我们是守望先锋

刻画出清晰明朗的英雄形象，是这部短片最重要的目标。鉴于短片是由一系列短暂的场景拼接而成，所以在每个场景中只需突出少数关键细节，同时画面中的每一个细节要做到精致准确，例如在下面第一张图中可以隐约看到远处首尔塔的外形轮廓。

上图：STEPHANE BELIN 和 FABIO ZUNGRONE　其余：STEPHANE BELIN

## 动画短片
# 归来

下面这些画是幼年"温斯顿"的面部表情。这些草稿对影片制作非常重要,它们首先为人物确定了应有的性格特点,还进一步为相关的动画制作提供了指导思路。

幼年温斯顿的表情组图

幼年温斯顿与哈罗德·温斯顿博士的合影

草稿:HAYLEE HERRICK  右下图:JUSTIN THAVIRAT、ROMAN KENNEY、SEAN MCNALLY 和 MATHIAS VERHASSELTVerhasselt

画师：LAUREL AUSTIN

雅典娜标志

奥林匹亚·肖

温斯顿的卧室

温斯顿的控制台

左上图和下图：TAE YOUNG CHOI　右上图和中图：MATHIAS VERHASSELT

### ▶ 人物设计

温斯顿博士的着装有两套——实验室工作服和宇航服。这种写意的衣装搭配仿佛是在暗示：无论是在桌前书写方程式，还是在月球表面漫步，博士都可以应付自如。

上图：MATHIAS VERHASSELT  下图和右图：CHRIS HA

黑爪士兵

黑爪黑客装置

上图和左下图：MATHIAS VERHASSELT　左中图：ROMAN KENNEY　右下图：JOHN POLIDORA 和 ROMAN KENNEYKenney

▶ 环境设计

影片《归来》的一个设计难点，就是重现"温斯顿"的记忆画面，这些记忆中的场景是《守望先锋》世界里的过去，但对我们来说却是未来。

设计人员效仿上世纪 60 年代和 70 年代初科幻小说里的场景，采用了特别的色调和装饰风格（如下图示），希望让机械设备和人物服装看上去既有未来感又有复古气质。

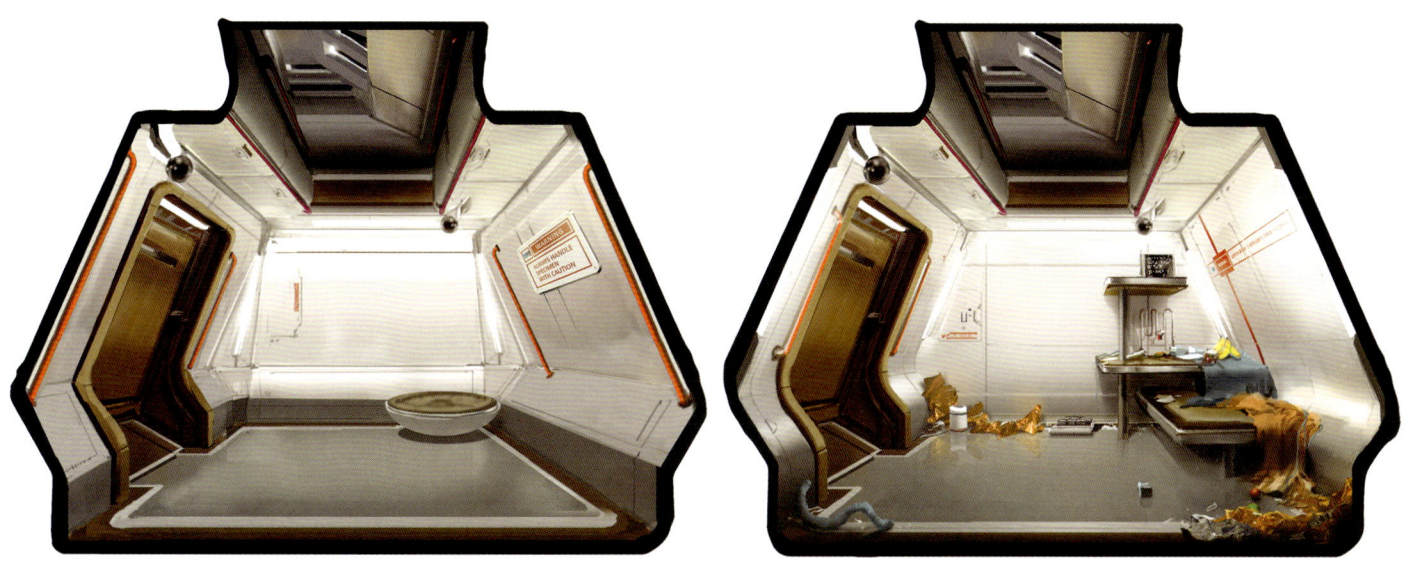

月球基地走廊

本页画作均出自 MATHIAS VERHASSELT

▶ 色彩基调

《归来》短片中有几条不同的时间轴，不一样的装置设备与光照环境。为了区分场景间的不同特征，设计人员分别为它们绘制了色基画稿（如下页图示），例如直布罗陀基地灯光全部打开（第一行第二个）与关上（第四行第一个）就有着不同的表现力。

天文台望远镜

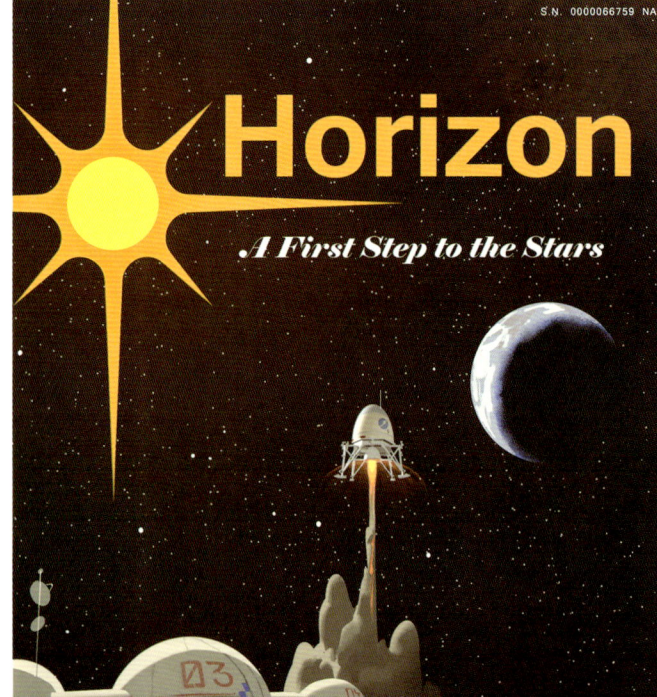

本页画作均出自 MATHIAS VERHASSELT

动画短片
# 新生

　　底部那张描绘"黑百合"侧脸的图画,是初期为了设计短片的光影风格而做的一次尝试。设计师原本希望绘制出浓雾之下的伦敦,橘黄色的灯光在夜幕下影影绰绰,给人一种火光弥漫的即视感,从而渲染出紧张不安的气氛。不过,这版设计与游戏中的场景差异过大,最终被弃之不用。

国王大道的灯光设计

本页画作均出自 MATHIAS VERHASSELT

黑爪运输机

警卫所持的步枪

孟达塔的警卫设计

上图：DOMINIC QWEK　下图：ROMAN KENNEY

孟达塔设计图

本页画作均出自 ROMAN KENNEY

### ▶ 人物设计

在短片《新生》中,一位名叫孟达塔的智能机械正在向伦敦的市民发表演讲,号召人们团结一心和平共处。为了充分表达和谐平静的主题,制作人员希望社会各行各业的形象都能出现在听讲的人群中。设计师注意了他们的服饰和发型,在外观上表现出人群组成的多元性,尤其重视人物上半身的刻画,毕竟这是人物身上最醒目的部分。

观众设计

左图:ROMAN KENNEY  右图:LAUREL AUSTIN 和 ROMAN KENNEY

## ▶ 光效设计

在影片《新生》中,两位画风截然不同的人物闪亮登场:一位是正义乐观的英雄,"猎空";另一位是冷血无情的反派,"黑百合"。设计师有意采用了特别的色彩来表现两位人物的迥异个性。"猎空"出现在伦敦的街头,被温暖的金色灯光包围着(第二行第一个);"黑百合"则潜伏在屋顶的阴影中,周围是一片阴郁的深蓝色(第三行第一个)。

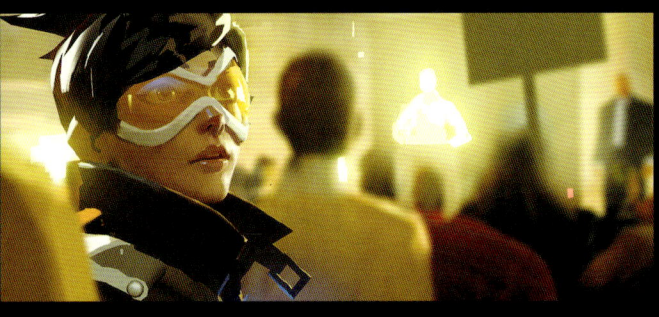

## ▶ 技能设计

下面这些色基画稿的主要目的是表现"猎空"的"闪回"技能。在施放此技能的时候,"猎空"周身的环境会变成一片朦胧的蓝色,将她与现实世界的伦敦区分开来。

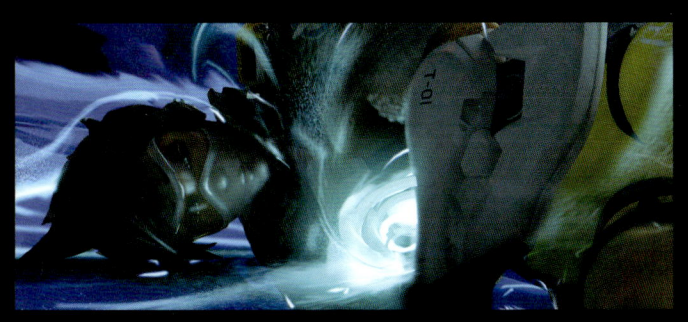

画师：TAE YOUNG CHOI 和 EVEN AMUNDSEN

动画短片

# 双龙

动画短片《双龙》使用的是"剧中剧"的表现手法,其中神话寓言的部分特意采用了传统的日式美术风格。制作人员首先在分镜头画板上绘制出草图,进而修改并上色。后来添加的动画效果,比如飘逸的白云和跳跃的火焰,让整部动画栩栩如生。

画师：TAE YOUNG CHOI 和 EVEN AMUNDSEN

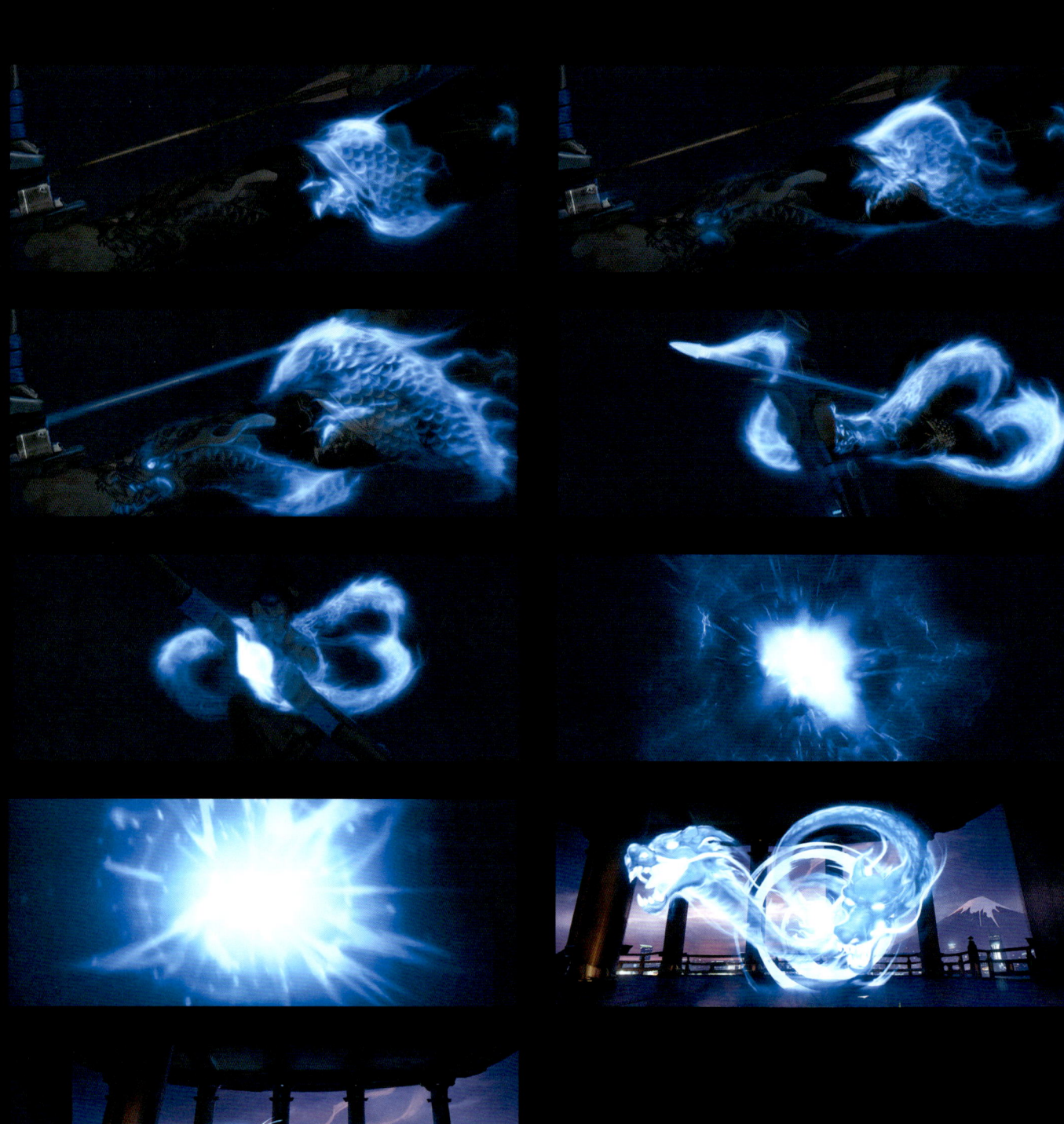

▶ 色彩基调

　　在短片《双龙》公布之前，玩家已经在游戏中见过"花村"白天时候的样子了，所以制作人员决定在影片中表现夜幕之下的"花村"。画师们选择了粉色和蓝色作为场景环境的主色调，也是地图"花村"中最主要的两种颜色。制作团队希望用奇幻的画面视觉将观众置身于魔法般的世界里，营造一种超现实的观感体验。

**动画短片**

# 英雄

　　短片《英雄》的制作人员想让故事发生在晚上，一方面是因为戴着面具的维和义士"士兵：76"可以隐身在街道的黑暗中伺机待发，另一方面则是为了显现出骷髅帮成员身上令人胆寒的发光文身（下页上左图示）。

▶ 光效设计

　　虽然制作人员已经将影片的色调定为了阴暗的深蓝色（如下图示），但是他们还想加入一点小的变化来加强这种氛围，于是就把故事的开头设定在了太阳落山前的傍晚。这个想法很好地加剧了情节的紧张感——年轻的女主角亚丽杭德拉在夜幕即将降临时跳入了深幽的巷道，危险的气氛愈加浓重。

画师：JOHN POLIDORA 和 ROMAN KENNEY

骷髅帮

### ▶ 道具设计

亚丽杭德拉的钱包在故事中是一个重要的道具,其明亮而鲜艳的色彩相当引人注目。钱包的造型是一只鱼人——《魔兽争霸》里的一种标志性的生物,这使它成为一个十分抢眼的彩蛋。

亚丽杭德拉

亚丽杭德拉的钱包

左上图和下图:MATHIAS VERHASSELT 左上图:ROMAN KENNEY

动画短片
# *最后的堡垒*

　　《最后的堡垒》描述的是一场德国军队与智械之间的战争，无数个如"莱因哈特"一般全身铠甲的重装士兵征战沙场，这是游戏团队展示德国"十字军"风采的机会。不过，制作人员不希望简单地照搬"莱因哈特"的铠甲设计，他们移除了许多过分出众的设计细节，使用更适合德式风格的色彩搭配，以贴近德国军队的气质。

十字军

画师：JOHN TALLMAN 和 ROMAN KENNEY

上图和下图：STEPHANE BELIN　中图：JAKE PANIAN

## ▶ 空投舱的设计

在故事剧情中，"堡垒"被装载在空投舱里投向地面，加入到人类与智械的激烈战斗中。但是，一个偶发故障使得这台机器人陷入了待机状态，一直困在空投装置中长达数年。空投舱的造型在影片中一闪而过，"堡垒"的大部分身体都被厚实的植物覆盖了，并不能看到舱体的细节。尽管如此，设计人员还是细致地描绘出了空投舱的外形，并说明了其运行的机械原理。

空投舱

突击队员

上图：MATHIAS VERHASSELT  下图：LAUREL AUSTIN 和 JOSH TALLMAN

▶ 环境设计

短片《最后的堡垒》是唯一一个没有发生在现有的游戏地图环境里的故事,这也意味着,制作人员必须从零开始一草一木地勾勒出森林的样子。他们尝试绘制了各种形态的植物,其中遵循的一条原则是:不要把植被的设计复杂化,尽可能用清晰简洁的外观予以表现。这样做的效果很好,一片逼真、独特而夺人眼球的森林呼之欲出。

画师:KAKE PANIAN 和 LAUREL AUSTIN

动画短片
# 渗透

短片《渗透》的大部分剧情都发生在游戏地图"沃斯卡娅工业区"之中，而卡特娅的办公室（如下图示）则是为影片制作而特别设计的。制作人员将屋内布置以温暖的黄色，以区别于工厂与车间那冰冷的蓝色和白色。

这也让办公室更像是一个安全去处，同时也是剧情得以发展的关键点。影片中，卡特娅为了躲避"黑百合""死神""黑影"的刺杀，将自己反锁在了办公室里。

上图：JAKE FANIAN  下图：YEWON PARK

## ▶ 人物设计

卡特娅·沃斯卡娅是短片《渗透》中的重要角色,之前她从来没有在游戏中全身出镜过。制作人员有意地为她设计了棱角分明的着装,考究的量身制作,足以突显她端庄的气质和饱满的自信。甚至于她所用的家具,也能展现卡特娅的身份地位,给人位高权重且气度非凡的印象。

上图:LAUREL AUSTIN  中图和下图:YEWON PARK

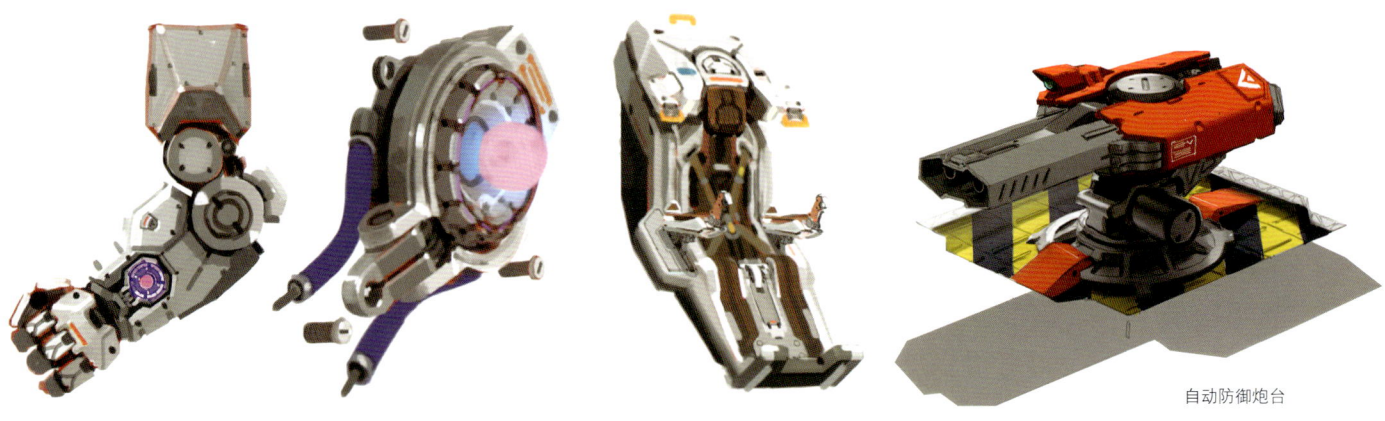

自动防御炮台

机甲设计图

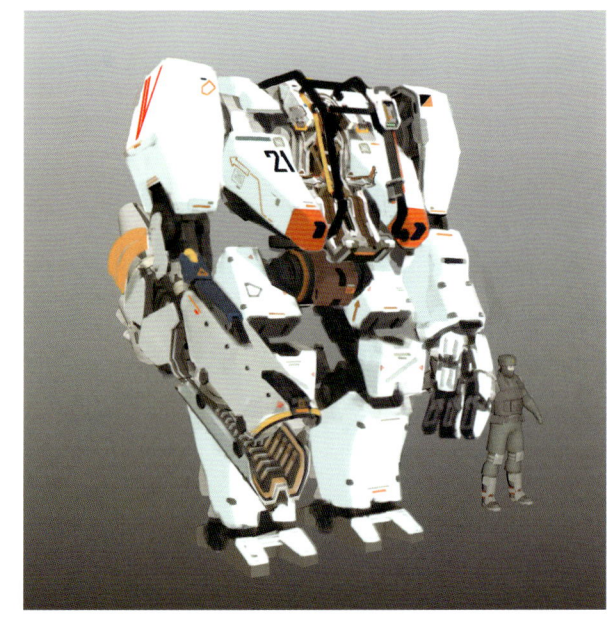

士兵

机甲驾驶员

副官

上图和中图：VASILI ZORIN　下图：JUNGAH LEE

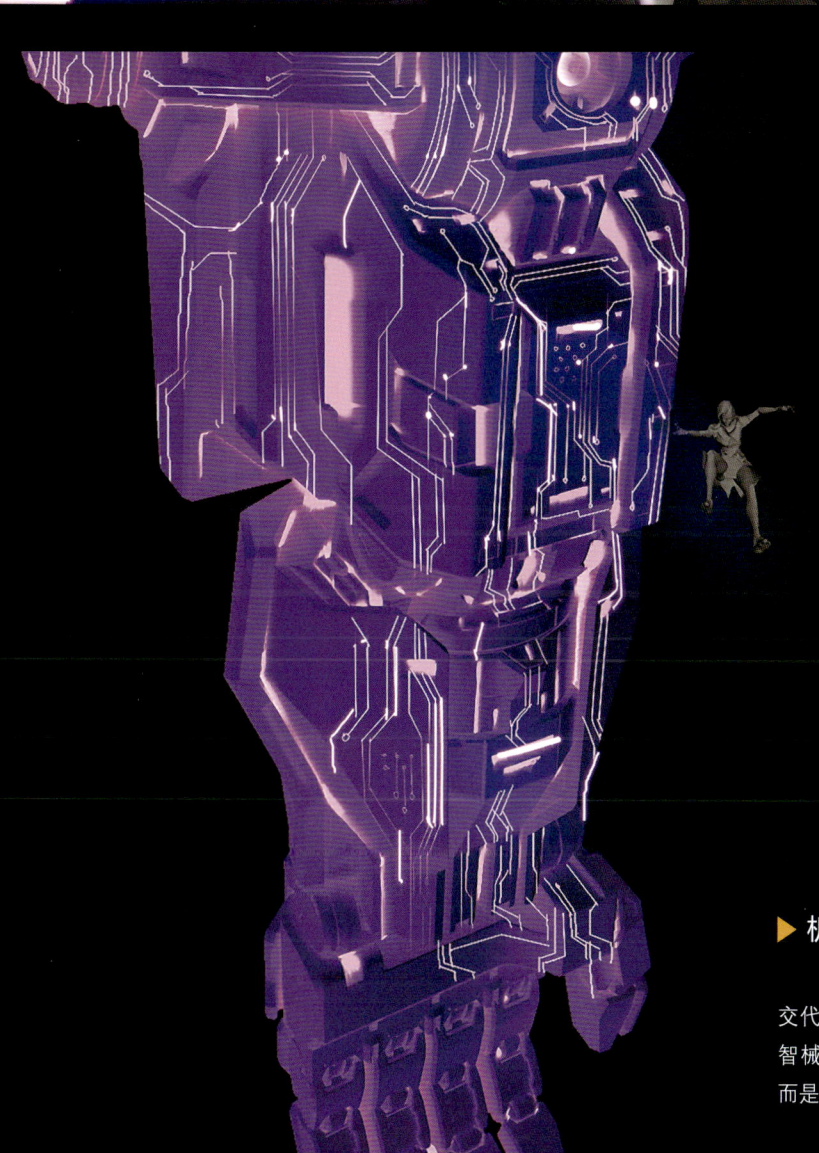

### ▶ 机甲设计

短片《渗透》的一个重要的剧情点是交代了俄罗斯是智械的敌对方。为了对抗智械,俄罗斯没有使用全自动的机器人,而是设计制造了由驾驶员操控的巨型机甲。

为了显示出机甲由人工操作,制作人员在机甲上设计了清晰可视的驾驶员座舱(如上页图示),同时还把驾驶服涂成了鲜艳的红色,目的就是突出操作人员的重要地位,暗示驾驶员才是机甲的核心所在。

本页画作均出自 JUNGAH LEE

画师：WILL MURAI

## 色彩基调

之前已经有很多《守望先锋》的动画故事发生在晚上,所以设计团队希望在《渗透》中做点改变。不过,他们必须设计出足以掩蔽"黑百合""死神""黑影"潜入工厂的环境。

早期的设计创意中,制作人员构想了漫天的风雪(第一行第一个),这样的天气对剧情人物来说非常适合采取入侵行动。

# 英雄故事

　　2014 年的暴雪嘉年华是非常繁忙的一周。随着游戏整体成形，《守望先锋》制作团队最终决定让它与玩家们见面。游戏团队想为每一个英雄设计出独特的身世，在这次暴雪嘉年华的舞台上，他们希望为大家展示英雄"猎空"的背景故事。但是，时间已所剩无几，制作资源也相当有限。

　　为了克服这些困难，游戏团队想到了一个既精简又经济的主意：制作一段幻灯片式的插图短片。以"猎空"的视角来叙述，介绍她过去的经历以及获得时空穿越能力的来龙去脉。

　　《守望先锋》团队非常满意短片所呈现的效果，也决定继续制作更多同类型的短片。这些关于英雄故事的短片，不仅能让人深入人物的情感世界，了解他们的过去，还赋予了他们鲜明的个性。同时，这也让《守望先锋》的视觉风格淋漓尽致地展现出来，简洁明快的线条彩画成了游戏与众不同的美术特点。

画师：Arnold Tsang

**英雄故事**

# 猎空

　　作为《守望先锋》的当家花旦，"猎空"是第一部英雄故事短片的主角。在 2014 年暴雪嘉年华前夕，游戏团队绘制了少数几张包含关键内容的彩图，用以描述猎空的身世。团队希望赶在嘉年华前创作出一段幻灯短片，通过故事叙述的方式，向观众介绍英雄猎空。

　　但是，出师不利。整个短片看上去根本不像是猎空的背景介绍。随后，制作团队请来了猎空的游戏配音演员，让她以猎空的口吻为故事短片念诵旁白。由此，短片的制作渐入佳境。很快，短片其余部分的制作都顺利结束。游戏团队将内容更加丰富的剧情插画和猎空的独白结合在一起，故事短片大功告成。

　　猎空的英雄故事对之后的一系列创作有着至关重要的影响，它不仅为动画短片奠定了清晰的基调和视觉风格，同时也开创了游戏团队展现英雄形象的全新方法。

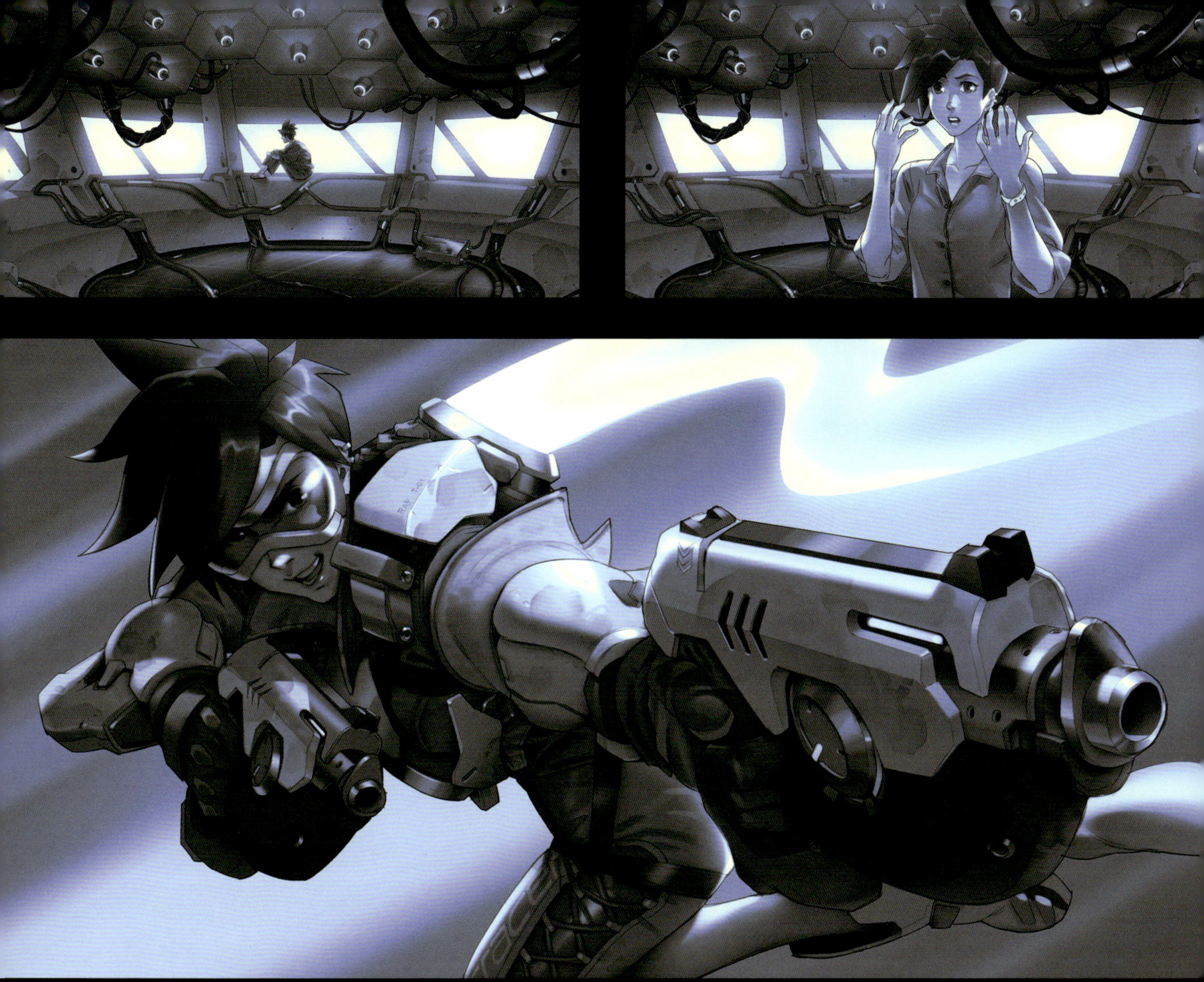

# 士兵：76

在着手制作《士兵：76》这段的英雄故事时，游戏团队很清楚这部短片的重要性。片中的人物——或者说杰克·莫里森——是守望先锋故事的核心所在。他曾担任守望先锋的指挥官，其辉煌崛起代表着守望先锋走向巅峰，后来的黯然离去也预示着守望先锋分崩离析。通过"士兵：76"这个人物，制作团队得以回溯守望先锋的重大历史转折。

"士兵：76"的故事短片主要借鉴了上一部作品（《猎空》）的视觉风格。不过，制作人员把画面里单一的蓝色改成了浅淡的棕黄色，让整部短片与前作比起来更像是对老照片的缅怀。

英雄故事
# 犯罪二人组

　　游戏团队一直把"狂鼠"和"路霸"当作《守望先锋》中的特别角色，他们为游戏世界带来了一股疯狂又诙谐的气息。因此，要想把握到他们的核心特点，就必须在英雄故事上做一些别样的创意。

　　首先，制作团队一改之前短片中（《猎空》和《士兵：76》）浅蓝色与淡棕色的画风，而采用全彩图绘制。除了纯粹的英雄简介外，制作团队还设计了一档戏谑的电视节目《通缉时刻》，以全方面展现"犯罪二人组"的荒诞行径和疯狂性格。

### 英雄故事
# 安娜

　　"安娜"的身世与守望先锋的过去有着很深的联系，但是游戏团队已经在《士兵：76》的英雄故事中叙述过这段历史了，再度复述只会显得冗长沉闷。因此，制作人员关注的是她与其他角色间的情感联系，尤其是与她的女儿法芮尔之间的互动。

　　故事短片的叙述围绕一封"安娜"写给女儿法芮尔的信展开，信是用阿拉伯语写成的（第二行第二个）。游戏团队希望制作出字母被逐个书写出来的动画效果，在保证其合理性上着实下了一番苦功夫。英文与阿拉伯文之间存在许多差异（比如书写的顺序，后者是从右往左写），只有精通阿拉伯语的人才知道如何正确地书写。

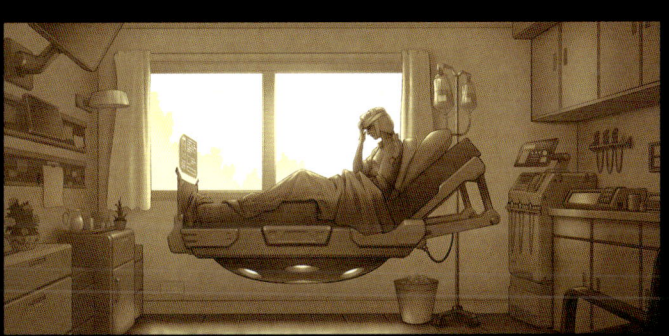

## 英雄故事
# 黑影

在"黑影"的故事短片中,制作团队渴望做些新的尝试。他们认为"黑影"身上浓浓的赛博朋克风格非常适合制作全彩的 2D 动画,但这比先前的任何一部都要复杂。

这步勇敢的尝试给开发人员带来了许多技术上的困难,但总体效果依然非常抢眼。一幅幅线条美术图,成功转变成了生动的 2D 动画。

幼年的"黑影"

本页画作均出自 ARNOLD TSANG

画师：ARNOLD TSANG、JUSTIN THAVIRAT 和 VASILI ZORIN

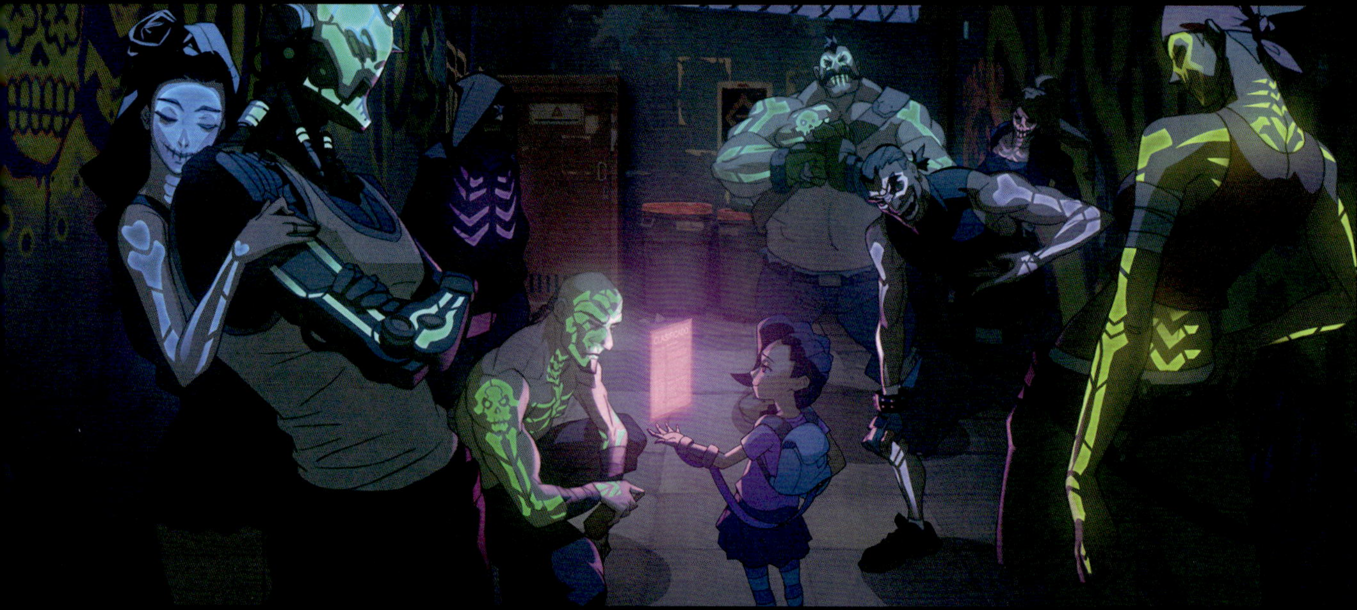

# 奥丽莎

在背景故事中,"奥丽莎"是由一位名为伊菲·奥拉迪尔的天才少女组装起来的。引入这么一位辅助性的人物有助于把握"奥丽莎"的角色个性,但是伊菲并不是游戏中的英雄,设计人员要如何刻画她的形象呢?

"奥丽莎"的英雄故事短片很好地解决了这个问题。游戏团队与暴雪的创意部门合作,制作出了伊菲和"奥丽莎"的动画短片,揭示了两个角色之间的关系,达到了双赢的效果。不仅"奥丽莎"强大、可靠的形象呼之欲出,也让伊菲的角色完美融入到了《守望先锋》的世界观中。

《国王行动》与之前制作的英雄故事短片有很大不同。这次，制作团队没有打算介绍某个英雄的身世，而是把视角切入到一个历史性的事件中。在创作的早期，制作人员就选择了"猎空"来叙述整个故事的剧情。"猎空"的嗓音在之前的短片中出现过，所以不至于让人感到陌生，同时这也契合了《国王行动》的故事——"猎空"加入守望先锋后参与执行的第一个任务。

《国王行动》的短片制作，是游戏团队第一次在动画制作方面与外界画师携手合作。Nesskain一直是《守望先锋》漫画的画师，也参与过"周年庆"主题插画的绘制，这次主要负责动画短片的视觉设计工作。尽管对制作团队而言，与先前的故事短片保持风格的一致有着很重要的意义，但是团队也十分希望能给予其他画师自由发挥的机会。

# 宣传广告

发布会之后，一个独特的《守望先锋》同人社区自发地成立起来。来自各行各业的玩家尝试用画笔描绘猎空和其他的英雄，或者是英雄背后的宏伟世界。这些绘画作品在网络上掀起了巨大的波澜，甚至让开发团队也爱不释手，把它们挂在办公室的墙上。《守望先锋》已经不再是游戏团队的独占之物了，它也开始属于整个社区。

宣传广告给了设计团队与同人社区携手创作的机会，同时也把他们眼中别样的《守望先锋》呈现给全世界。从英雄造型、地图剪影，再到活动推广、设计创意，都是"全球合作"的结果。有的插图被官网选作宣传材料，有的则在网络社区中广为流传。这些优秀的同人画作极大地丰富了《守望先锋》的美术风格和艺术表现力，这一点是毫无争议的。

画师：Nesskain

宣传广告

# 守望先锋：万圣夜惊魂

围绕"万圣夜惊魂"的主题，《守望先锋》团队与暴雪的其他小组以及一位"外援"画师合作，一同设计了诸多风格轻松愉悦的插画。这些插图都被发布在社交平台上，如果某人转发了来自《守望先锋》的官方消息，或是以"万圣夜惊魂"为话题进行了评论，他就会收到一张"糖果"或"捣蛋"主题的图片。

本页画作均出自 ONEMEGAWATI

宣传广告

# 雪国仙境

继"万圣夜惊魂"取得热烈反响之后,情人节与"雪国仙境"主题的作品也陆续被推出。同样,游戏的设计团队联合暴雪其他团队还有外界的画师一道,创作了一大批风趣温馨、节日气氛浓郁的艺术画。

左上图:VICKISIGH 右上图:E.M. ENGEL 右中图:ONEMEGAWAIT 右下图:LAZERLILLY 左下图:ART CALAVERA

宣传广告
# 情人节

本页画作均出自 TINYSNAILS

宣传广告

# 国王行动

在"国王行动"中，某极端派智能机械在"国王大道"上发起暴动，英雄们合力与之对抗。在活动正式上线前，游戏开发团队与多个暴雪的美术团队合作，公布了许多相关的宣传画。这些宣传海报的灵感来自经典样式的征兵广告，二者的气质十分相似。

本页画作均出自 VASILI ZORIN

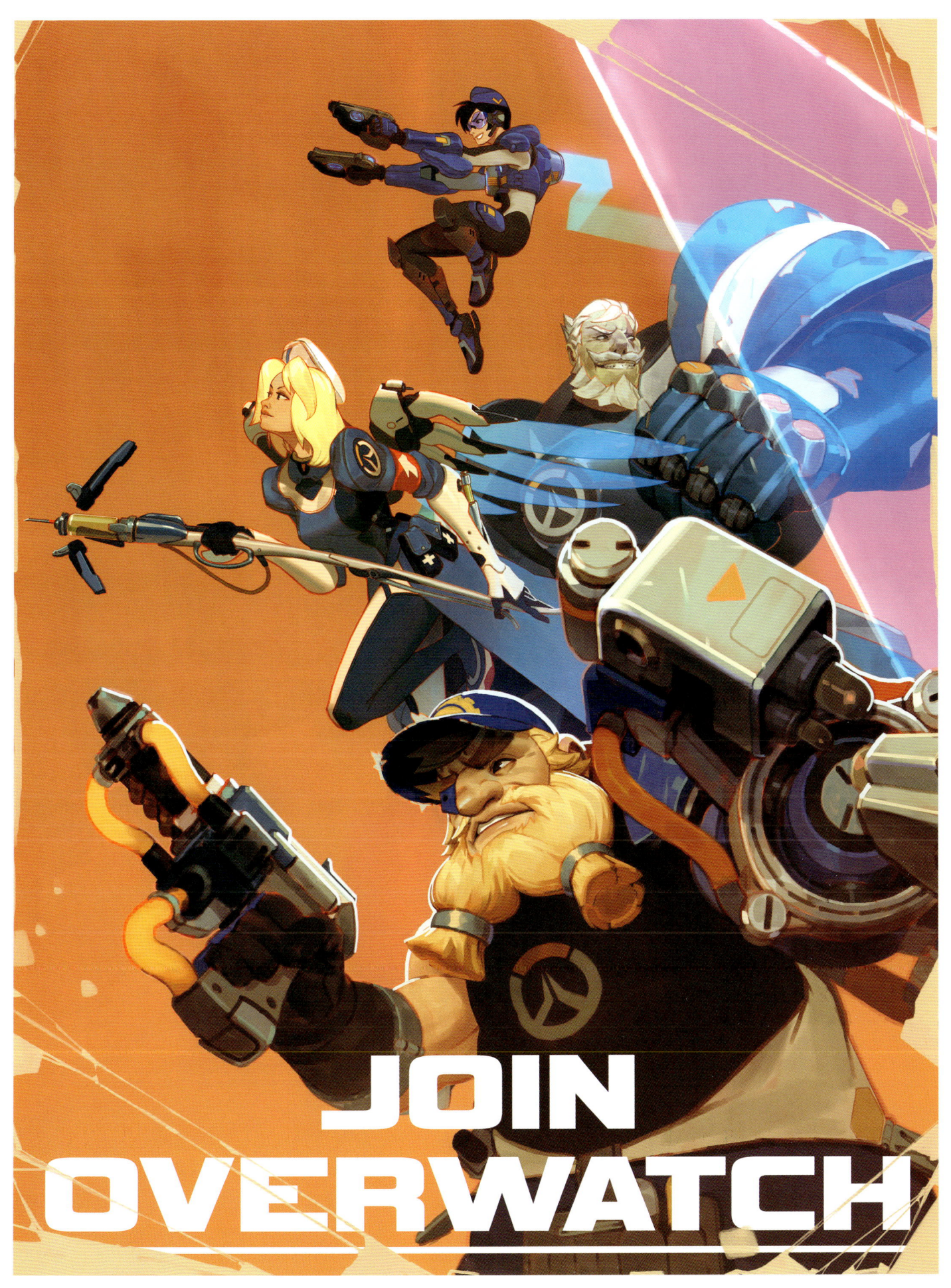

**宣传广告**

# 守望先锋：周年庆

《守望先锋》周年庆活动标志着游戏已经发行整整一年了。这一年中，发生了许多重大的改变，比如新英雄的加入等等。开发团队与一位来自同人社区的插画师合作，创作了一幅全新的《守望先锋》英雄全家福。这张插画的风格不同于先前的英雄合影，它抛弃了人物全身像的绘制，改用大小不一身形的无序拼接，通过独特的艺术手法展现出了跃动而鲜活的美感。

为纪念周年庆，《守望先锋》游戏开发团队合影留念

上图：NESSKAIN 下图：《守望先锋》全体成员

# 守望先锋®

## 守望先锋艺术设定集

2016年5月，《守望先锋》横空出世，风靡全球。今天，暴雪娱乐将借助这本精美的设定集，讲述全新创作的第一人称射击游戏的诞生经过。《守望先锋艺术设定集》记录着游戏制作幕后的点点滴滴——英雄的来历、地图的描述、皮肤的构想、喷漆的设计等等。这一切都将由设计师们亲自向你娓娓道来。